Cambiando la adversidad
en bienestar emocional

Y ahora… ¿qué hago?

Cambiando la adversidad en bienestar emocional

Lorna Leticia Santín Hodges

EL LIBRO MUERE CUANDO LO FOTOCOPIAN

Amigo lector:

La obra que tiene en sus manos es muy valiosa. Su autor vertió en ella conocimientos, experiencia y años de trabajo. El editor ha procurado una presentación digna de su contenido y pone su empeño y recursos para difundirla ampliamente, por medio de su red de comercialización.

Cuando usted fotocopia este libro o adquiere una copia "pirata" o fotocopia ilegal del mismo, el autor y editor no perciben lo que les permite recuperar la inversión que han realizado.

La reproducción no autorizada de obras protegidas por el derecho de autor desalienta la creatividad y limita la difusión de la cultura, además de ser un delito.

Si usted necesita un ejemplar del libro y no le es posible conseguirlo, escríbanos o llámenos. Lo atenderemos con gusto.

EDITORIAL PAX MÉXICO

❧

Título de la obra: *Cambiando la adversidad en bienestar emocional*

COORDINACIÓN EDITORIAL: María de Lourdes Arellano Bolio
PORTADA: Víctor M. Santos Gally
DIAGRAMACIÓN: Ediámac

© 2014 Editorial Pax México, Librería Carlos Cesarman, S.A.
      Av. Cuauhtémoc 1430
      Col. Santa Cruz Atoyac
      México DF 03310
      Tel. 5605 7677
      Fax 5605 7600
      www.editorialpax.com

Primera edición
ISBN 978-607-9346-41-6
Reservados todos los derechos
Impreso en México / *Printed in Mexico*

A mis hijos Mauricio Javier, Lorna y Cristina, quienes han sabido orientar sus vidas de acuerdo con sus sueños. Me llena de orgullo saberlos bondadosos, exitosos y felices.

A mi nuera Mayté, una admirable mujer, quien me ha confiado el cuidado de su tesoro. Nunca podré agradecerle lo suficiente.

A mi nieto Mauricio Alberto, el tesoro que ha llenado mi corazón de alegría. La aventura de su vida apenas comienza y ya manifiesta claramente su fortaleza.

ÍNDICE

INTRODUCCIÓN

*Sólo una inteligencia mayor y más prudente
puede hacer más feliz al mundo*
BERTRAND RUSSELL

Gracias a la evolución, poseemos un cerebro que nos permite pensar y realizar una serie de funciones complejas, que les están vedadas a criaturas menos desarrolladas que nosotros. Contamos con una corteza cerebral con mayor espesor y más cantidad de repliegues que cualquier otra especie que habite este planeta. Unas cien mil millones de neuronas, cada una de las cuales establece una cantidad semejante de interconexiones con otras neuronas del sistema nervioso, nos han dado la posibilidad de convertirnos en los seres más inteligentes de la Tierra. No obstante, la mera presencia de dicho órgano no es garantía de que éste funcione bien.

Si no, ¿cómo explicar la serie de comportamientos destructivos que cotidianamente llevamos a cabo? Ni siquiera dentro de nuestras familias está garantizado que procuremos el bienestar y la satisfacción de cada uno de sus miembros. Al contrario, en muchos hogares reina la desarmonía, la hostilidad expresada en múltiples formas, la irritabilidad, la apatía, la ansiedad, la desesperanza... ¿Dónde quedó, entonces,

1

nuestra inteligencia superior? Si la razón es una cualidad que nos distingue ¿dónde está que no ha sido puesta al servicio de nuestra felicidad?

Si bien el hombre está supuestamente dotado de muchas facultades superiores (la inteligencia, la voluntad, la libertad, la conciencia, entre otras), éstas frecuentemente parecen entorpecidas; más aún, "enfermas". Como muestra, basta un botón, dicen. Y al respecto, no es preciso buscar demasiado para advertir que nuestra sociedad dista mucho de ser psicológicamente saludable. Por un lado, debido a que una gran parte de los individuos que conformamos la sociedad carecemos de suficiente salud mental y emocional. Por el otro, el mismo hecho de nacer y crecer en una sociedad enferma, difícilmente nos permite escapar de dicha condición.

La Organización Mundial de la Salud da cuenta de que, a nivel mundial, aproximadamente la mitad de la población manifiesta algún trastorno mental a través de su vida. La jerga psiquiátrica utiliza el término trastorno mental para referirse a disfunciones emocionales o biológicas, que dan lugar a patrones de conducta relacionados con malestar, discapacidad, o fuerte riesgo de provocarse daño o perder la libertad. De esta manera, los trastornos mentales pueden aparecer asociados a sufrimiento, ansiedad, irritabilidad, a problemas escolares y deterioro social, laboral o de otro tipo, o a comportamientos físico, mental, emocional o legalmente peligrosos. La cuestión es que es factible que caigamos presas de impulsos incontrolables, que sucumbamos ante la depresión o, incluso, que perdamos la cordura... No es raro, entonces, que fracasemos en construir relaciones sanas con los demás y que fallemos también, en lograr ser productivos y felices.

Uno pudiera pensar que la respuesta se encuentra en la educación, entendida ésta como el proceso de orientar la inteligencia –para que descubra el bien– y conmover la voluntad –para que, por sobre todo lo demás, se pronuncie por el bien descubierto–. Propiciar el conocimiento y ejercitar el autodominio ¿será esto suficiente? De ninguna manera.

También es preciso salir de uno mismo para ver a los demás, advertir sus necesidades y desarrollar el gusto por contribuir a su felicidad. No obstante, lo anterior se adivina un tanto ingenuo, porque en ocasiones, con frecuencia, parecemos desprovistos de inteligencia y, en cambio, nos vemos arrastrados por nuestras pasiones, como si nos faltara voluntad.

La voluntad es el conjunto de fuerzas psíquicas que llevan a la acción, o dicho en otros términos, es la facultad individual de decidir y ordenar la propia conducta, es decir, la capacidad de autodeterminación. Gracias a la voluntad, somos capaces de emprender acciones y persistir en ellas para llevarlas a término. En ocasiones distinguimos a las personas en relación con su mayor o menor voluntad, considerando virtuosas a las primeras y perezosas a las segundas, y calificamos como efectivo el trabajo realizado por el educador en el primer caso, mientras que lo evaluamos como un fracaso en el segundo. ¿Pero es que acaso la voluntad depende exclusivamente de una buena o mala labor por parte de un educador?

Uno de los objetivos del proceso educativo es operar en el ámbito de la razón, a fin de acrecentar las capacidades cognoscitivas de una persona y disminuir, en la medida de lo posible, los errores debidos a apreciaciones deficientes de la realidad. De esta manera, una inteligencia bien educada permite, entre otras cosas, la reflexión en torno al propio actuar. Gracias a esta última, un individuo es capaz de pensar sobre sí mismo y sobre la repercusión de sus acciones. Sin embargo, a menudo apagamos esta facultad en aras de perseguir, sin culpa alguna, placeres dañinos altamente deseados. Nos orientamos hacia deseos perjudiciales. Es como si nuestra inteligencia claudicara en manos de una voluntad mal dirigida, de modo que el juicio resulta torcido. Es por ello que la educación debe operar también en el ámbito apetitivo, fortaleciendo la voluntad, de modo que la persona se mantenga activa en la búsqueda de aquello que la razón le presenta como bueno y deseable.

Pero la anterior consideración no agota todas las posibilidades, pues hay personas que, independientemente de haber recibido una buena educación, muestran incapacidad para revisar su comportamiento. Asimismo, parece faltarles la voluntad. Esto ocurre, por ejemplo, en quienes padecen esquizofrenia. Algunos especialistas afirman que la causa de este problema son ciertas deficiencias estructurales y químicas que se presentan en la parte frontal de su cerebro. Esta enfermedad se caracteriza, entre otros síntomas, por una pérdida de la voluntad, condición que invade a la persona impidiéndole concluir sus actividades, su trabajo, tareas intelectuales diversas e incluso las más simples labores de higiene y autocuidado.

Es importante señalar que tanto la incapacidad de reflexión sobre uno mismo como la falta de voluntad, propias de la esquizofrenia, constituyen síntomas de dicha enfermedad, y no se relacionan en modo alguno con el hecho de ser mejor o peor persona, aunque sí se traducen en egoísmo, apatía y desmotivación. De cualquier manera, esta explicación no resulta suficiente para justificar la aparente irracionalidad en la mayoría de la humanidad, pues diversos estudios sobre salud mental indican que sólo aproximadamente 1% de la población mundial total padece de esquizofrenia. Sin embargo, la cantidad de personas que parecen carecer de voluntad y de capacidad de autorreflexión superan, por mucho, esa cifra. ¿Dónde está la línea divisoria que distingue a las personas mentalmente sanas incapaces de autoanálisis de aquellas otras que, a causa de una enfermedad mental, están faltas de dicha habilidad? Y ¿qué podemos hacer al respecto?, ¿hay alguna manera de prevenir el incremento de estas deficiencias en nuestras familias y en nuestra sociedad?, ¿o debemos aceptar el hecho de que somos impotentes para llevar a cabo el sueño de construir un mundo mentalmente sano?

Esta obra pretende dar respuesta a éstas y a otras interrogantes. Hablaremos, por lo mismo, de factores biológicos que predisponen a la enfermedad mental y también abordaremos modos específicos de actuar para crear entornos más sanos y libres de estrés que puedan, en un momento dado, ayudar a prevenir o disminuir el riesgo de la enfermedad. El interés fundamental que nos guía es proporcionar información básica sobre la salud mental y algunos desórdenes que pueden manifestarse en nuestro ambiente más próximo. Nos motiva también el deseo de abrir la mente del lector hacia la evaluación propia y de sus familias, y favorecer su disposición hacia la búsqueda de ayuda profesional, cuando distintas señales apuntan a la sospecha de una posible enfermedad.

Así, en los primeros capítulos daremos información somera que resulta práctica en la detección de señales -a menudo desatendidas- relacionadas con problemas mediana o gravemente severos, que se hallan en fase de inicio o que incluso ya están claramente instalados en una persona. Hablaremos también de distintos aspectos que influyen en la formación de la personalidad, tales como los factores innatos (algunos de ellos heredados y otros adquiridos antes del nacimiento) y los rasgos obtenidos después de nacer. Asimismo, explicaremos cómo la ansiedad materna influye en el sistema de estrés del pequeño en gestación, y aun en los primeros meses y años de nacido. Sensibilizaremos al lector hacia la importancia de las labores preventivas, que pretenden asegurar entornos emocionalmente saludables favorecedores de personas y sociedades sanas, y también abordaremos asuntos fundamentales que se relacionan con comportamientos infantiles dignos de atención, tales como la timidez excesiva, la incapacidad de autocontrol y el comportamiento oposicionista, por citar algunos.

Distinguiremos los conceptos de salud y enfermedad mental y enfatizaremos el hecho de que si bien lo común (y que muchos consideran "normal") es la falta de cordura, no por ello debemos dar por hecho que ésta constituye un rasgo aceptable en individuos que se consideran sanos. Igualmente, abordaremos los conceptos de neurosis, trastorno de la personalidad y psicosis, y los distinguiremos y clasificaremos describiendo sus síntomas fundamentales.

Por último, la obra fallaría en cumplir sus objetivos si no concediéramos dedicación especial al tema de la fortaleza psicológica y aquéllos de la empatía y algunas formas de terapia. ¿Qué sentido tendría el crear conciencia sobre un problema individual, familiar e incluso social, si no se sugiere algún tipo de remedio o solución?

Nuestras acciones repercuten en los demás. En la medida en que nos ocupemos de la propia salud mental, actuaremos en beneficio de todos, buscando siempre una mejor calidad de vida y entornos saludables donde valga la pena vivir.

Caras vemos,
Corazones no sabemos

Si no fuera por nuestra locura, habría mucho menos sufrimiento y destrucción en el mundo. El dolor procede de nuestra proclive disfuncionalidad destructiva.

STEPHEN JOHNSON

Muchas personas opinan que todos estamos neuróticos, o, para no caer en un error de generalización, acuerdan decir que, cuando menos, la mayor parte de la humanidad padece de dicho mal. No obstante, si preguntamos en qué se basan para decirlo a quienes tan categóricamente sostienen tal afirmación, fácilmente advertiremos que no poseen criterios muy definidos para llegar a tal decisión. Posiblemente consideren aspectos como la propensión que uno tenga para complicarse la vida, para vivir insatisfecho, para crearse conflictos consigo mismo y con los demás. Por otro lado, con cierta frecuencia solemos decir o pensar que alguien está loco, simplemente porque difiere de nuestro punto de vista. Y aun cuando estos términos se utilizan a la ligera, cabe la siguiente pregunta: ¿qué pautas distinguen a una persona equilibrada de otra que no lo está?

Irene sufre, se siente impotente y desolada. El aparente motivo de su estado es la conducta de su hijo, un joven de veintitrés años, a quien ella siempre ha mantenido, pues es madre soltera. En la actualidad el chico, aunque terminó su carrera, no trabaja. Vive con su madre, se pasa el día con los amigos o en la computadora, y no sólo no coopera para ninguno de los gastos o actividades del hogar, sino que se comporta grosero y desafiante con su madre, y no pierde ocasión para criticarla, contrariarla e insultarla. Ella se pregunta si su hijo tiene algún problema de salud mental que explique su actitud, aunque en ocasiones duda y se cuestiona si no tendrá razón su hijo cuando la agrede, y sea ella la del problema.

Pedro tiene una hermana mentalmente incapacitada, quien actualmente vive con su madre. Hasta el día de hoy, la señora ha podido solventar los gastos económicos tanto de su hija como los propios, gracias a una buena pensión que le dejó su difunto esposo. A Pedro le preocupa lo que hará con su hermana una vez que su madre fallezca, pues él, aunque es soltero, tiene planes para casarse y, anticipadamente, se siente abrumado con las responsabilidades de ser cabeza de familia. Aun cuando es talentoso, carece de confianza en sí mismo. Continuamente se pregunta por qué, en lo personal, no ha logrado mayor éxito. Él lo atribuye a su inseguridad emocional. Aunque otros ven sus capacidades, él a menudo se menosprecia y cae en depresión. ¿O será que cae en depresión y por eso se menosprecia?

Con respecto a los anteriores relatos, ¿cuál es tu opinión?, a partir de los datos ofrecidos ¿sospecharías que alguno de los personajes manifiesta neurosis o, quizás, algún problema mayor? ¿Cómo puedes justificar tu afirmación? Por otro lado, ¿cuál dirías que es la raíz o el origen de la situación?, ¿puedes distinguir entre causas y efectos?, ¿detectas algún conflicto de base en cualquiera de los protagonistas?

Juan está deprimido porque no tiene trabajo, aunque tal vez ocurra lo contrario y no tiene trabajo porque está deprimido, o ambas cosas a la vez. Celia está aislada porque no tiene amigas, o no tiene amigas porque se mantiene aislada y viceversa. Ricardo fracasó en la escuela porque se metió en las drogas, o tal vez cayó en las drogas porque se sentía mal en la escuela por un motivo adicional. Rita experimenta ansiedad porque no se adapta a los grupos, o tal vez no se adapta a los grupos porque experimenta ansiedad. Luis se mete en problemas porque es impulsivo o tal vez es impulsivo y se mete en problemas por alguna otra razón.

Como habrás advertido en los planteamientos del párrafo anterior, pocos comportamientos humanos son tan simples que podamos discriminar con seguridad la causa y el efecto. Existe una continua retroalimentación en virtud de la cual el efecto se convierte en causa de una nueva situación y ésta, a su vez, es motivo de un efecto subsecuente y así continúa la espiral. ¿Cómo determinar qué fue lo que provocó algo más? Nuestra respuesta necesariamente variará dependiendo del dato específico que –dentro de todo el proceso- elijamos como punto de partida. Lo que sí es bastante probable es que las emociones estén implicadas en todos los casos. Y ante esta realidad, cabe preguntarnos qué son las emociones; cuál es su papel en la vida humana; si son adaptativas, es decir que nos conducen al éxito y a una sana convivencia con los demás, o por el contrario, nos llevan al fracaso, a la autodestrucción y al conflicto interpersonal. Y, si este último fuera el caso, ¿qué hacer para orientar nuestras emociones a fines productivos?, ¿cómo lograr que nos acerquen a metas positivas? y, en última instancia, ¿de qué manera podemos asegurar que las emociones contribuyan a nuestra felicidad?

No es casualidad que demos tanto énfasis a las emociones. De hecho, toda nuestra personalidad se construye a partir de lo que hacemos con ellas, fundamentalmente a través de nuestro modo particular de enfrentar la ansiedad. Como insistiremos en capítulos subsecuentes, cuando un niño es pequeño, son sus padres quienes asumen el papel de regular su ansiedad. Como él no puede hacerlo todavía por sí mismo, sus progenitores le sirven de amortiguadores, conteniéndolo, de modo que no se vea abrumado por sus emociones.

De lo que se trata es que los hijos, poco a poco, pasito a pasito, aprendan a reconocer en su entorno el efecto de las acciones positivas o negativas, y vayan adquiriendo habilidades que les permitan ejercer su propia autorregulación emocional, en beneficio no sólo de sí mismos sino de los demás. En gran medida la labor del pedagogo, del psicólogo escolar, del orientador familiar y del trabajador social va dirigida a enseñar a los padres a desempeñar adecuadamente este tipo de funciones de orientación. En general, el trabajo que realizan estos profesionales es meramente preventivo. Su objetivo primordial es evitar la enfermedad, guiando las prácticas de crianza de los padres para que la dinámica que conduzcan en su hogar actúe en favor de la salud emocional de los individuos que constituyen el grupo familiar. Lo deseable es que, gracias a la intervención oportuna y acertada de sus padres, los pequeños vayan aprendiendo, entre otras cosas, a contener la ira, a tolerar la frustración, a reconocer cómo las emociones negativas llevan a la infelicidad dañina, y, más adelante, aprendan a buscar acuerdos con otros niños y personas en general, a fin de lograr bienestar y satisfacción propia y común.

En la convivencia infantil, es común que ocurran un sinnúmero de conflictos, muchos de ellos debidos a la inmadurez afectiva manifiesta en una falta de capacidad para controlar las emociones, que se traduce en una pobre autorregulación emocional. Si sus padres son "maduros" en general, los niños pueden creer que la adultez necesariamente conlleva una maduración emocional y mental, y que, ciertos conflictos que ellos viven en casa con sus hermanos y vecinos o en la escuela con sus compañeros, desaparecerán conforme crezcan y se hagan mayores. Qué desilusión descubrir que lo común es la falta de cordura –tanto en las familias como en individuos aparentemente normales. Abunda la irracionalidad y los comportamientos destructivos, y en la medida en que estos síntomas patológicos se hacen presentes, nos es imposible experimentar bienestar. Por otro lado, también, al detectarlos, nos sirven como guía para el auto conocimiento y para conocer a los demás, pues un síntoma es un fenómeno, una señal, un indicador que nos revela que algo está sucediendo o va a suceder.

La psicopatología, como área de estudio de las alteraciones psicológicas, se ocupa de la detección, descripción y tratamiento de los síntomas y signos que constituyen un trastorno psicológico dado. La diferencia entre unos y otros es que los síntomas habitualmente son percibidos –y a menudo reportados– por quien los padece o por la gente a su alrededor, mientras que los signos son fenómenos que tal vez ni el paciente ni sus familiares o amigos han detectado aún, pero que no escapan a la vista del clínico bien entrenado. Algunos ejemplos de síntomas depresivos son la incapacidad de concentración, el insomnio y la apatía. Signos para esta misma condición pudieran ser: los músculos faciales mostrando rictus de dolor, el desaliño, la torpeza de movimientos y la alteración en el ritmo del habla, entre otros.

Es interesante señalar que numerosos investigadores del comportamiento animal –entre ellos Harlow y otros– también han advertido ciertos trastornos en la conducta de sus sujetos de estudio, y sus observaciones han servido de base

para constituir una nueva disciplina denominada psicopatología animal[1].

Por lo que respecta a la conducta humana, la psicopatología se interesa por todos aquellos comportamientos que
afectan el bienestar emocional de una persona –o que la inhabilitan– debido a una alteración de sus funciones menta-

---

[1] Estudios conducidos por Harlow, Masserman y Gantt y Liddell nos permiten apreciar que es relativamente sencillo inducir neurosis en perros,
en monos y en otros animales. Un procedimiento ampliamente estudiado
es el siguiente: primero se enseña al animal a discriminar entre dos figuras (un óvalo y un círculo). Posteriormente se empiezan a modificar las
curvaturas de ambas figuras de modo que poco a poco sus diferencias
disminuyan al grado de hacer difícil la distinción entre una y otra. El
animal comienza a manifestar síntomas de ansiedad en la forma de agitación extrema persistente, a la vez que hostilidad hacia sus compañeros;
algunos monos prorrumpen en gritos continuados. Un segundo experi-
mento permite que el animal obtenga alguna gratificación (en forma de
alimento o de algún otro estímulo placentero) tras realizar una conducta
dada. Una vez que dicha respuesta ha sido bien instalada, se le sorprende
con estímulos aversivos (por ejemplo, desagradables chorros de aire o des-
cargas eléctricas) al momento de manifestar el comportamiento que antes
fue premiado. Nuevamente los animales, víctimas del estudio, empiezan
a exhibir irregularidades en su conducta. Por otro lado, Harlow estudió
el efecto del aislamiento en monos rhesus. Sus cuidadosas observaciones
le permitieron detectar anomalías causadas por la falta de contacto, más
severas mientras más largo fue el periodo de aislamiento y más pequeño el
mono al momento de ser aislado de su madre y de sus compañeros. Algunas de las conductas observadas fueron las siguientes: anorexia (dejaron de
alimentarse), balanceo, ademanes de auto abrazo, repetición continua de actividades (estereotipias), posición supina (acostarse boca arriba) con claras
señales de temor, falta de conducta de juego, ausencia de respuesta ante la
amenaza, y, en algunos casos, agresividad y temor anormales. Cuando se les
permitió volver con su madre o compañeros, los que fueron sometidos más
temprano y durante más tiempo al aislamiento resultaron más dañados y
persistieron en sus comportamientos irregulares sin lograr integrarse en el
grupo como debiera ocurrir en una situación normal.

les. Y aun cuando habitualmente empleamos el término "mente" para referirnos a actividades meramente de pensamiento, es una realidad que el funcionamiento mental también tiene que ver con nuestro modo personal de manejar las emociones, sobre todo al hablar del "cerebro social", como veremos más adelante. Así, es imposible separar la mente de la emoción. Y, cuando hablamos de la salud o de la enfermedad mental, no sólo hacemos alusión a formas particulares de pensamiento, sino también a modos específicos de vivir y manifestar la emoción. Y aquí es donde cabe la psicopatología, pues se ocupa justamente del funcionamiento mental anormal. ¿Y qué es lo normal, después de todo?

El término "normal" se presta a mucha discusión. En referencia al comportamiento humano, si consideramos que "lo normal" es lo usual, lo ordinario y lo común, seguramente tendremos que aceptar que "lo normal" es la ausencia de razón –lo cual de ninguna manera es equivalente a lo deseable o lo correcto–. Basta para ello echar una ojeada a las pautas que gobiernan nuestras relaciones interpersonales cotidianas, como apuntamos más arriba. Pero, si optamos por una visión distinta del término "normal", las cosas pueden cambiar radicalmente.

Cuando atribuimos a una persona el calificativo de normalidad, podemos querer significar que está sana, que carece de enfermedades, que es eficiente y que está bien orientada y adaptada hacia sus fines. Siguiendo en esta misma tónica, podemos decir que el individuo "normal" mantiene su equilibrio y es capaz de funcionar adecuadamente a partir de la compleja combinación de cada uno de los rasgos que lo distinguen.

Por lo que respecta a la salud mental y emocional, que es el tema que nos ocupa, hoy en día muchos especialistas piensan que no hay límites definidos entre la salud y la enferme-

dad y que, en realidad, nos enfrentamos a un continuo
–concepto sobre el cual volveremos un poco más adelante–,
en uno de cuyos extremos se encuentran las psicosis, mientras que en el opuesto se localiza la salud mental en estado
perfecto. Y aun cuando es improbable encontrar muchas personas que se localicen en este último extremo, mientras más
se acerque uno a él, con mayor probabilidad funcionará de
manera óptima.

En relación con el término psicosis, éste es actualmente
poco preciso. De modo general, alude al grado de deterioro
de una persona y a su regresión a comportamientos propios de
edades tempranas. Tradicionalmente su significado subraya-
ba la pérdida de la comprobación de la realidad y la alteración del funcionamiento mental, pero actualmente se han
desarrollado significados más extendidos, pasando a ser sinó-
nimo de grave deterioro del funcionamiento social y personal, manifiesto en rechazo social e incapacidad para realizar
las tareas domésticas y ocupacionales habituales. Para el clínico, el término psicótico supone una grave alteración con
alto riesgo suicida y posible necesidad de hospitalización.

Hace algunos años, en los inicios de mi labor profesional,
pensé dirigir mi esfuerzo hacia labores preventivas dentro del
campo de la salud mental; es decir, me interesaba trabajar
con públicos básicamente sanos, interesados en mejorar sus
relaciones interpersonales y su calidad de vida emocional en
general. En ello he ocupado la mayor parte de mi tiempo,
pero en forma adicional, la vida me condujo por otros sen-
deros y, entre otras actividades, a ofrecer talleres psicoeduca-
tivos de apoyo a familiares de personas que padecen algún
tipo de enfermedad mental.

Aun así, cabe aclarar que cuando era recién graduada
pensaba en la higiene mental como una meta alcanzable,

cuando menos para la mayoría. Creía que si lograba acceder a los padres de familia y a los maestros para llevar a cabo programas de sensibilización e información pertinente, seguramente podría contribuir a construir un mundo mejor. ¡Qué ingenuidad! Hay tantos tropiezos en el camino. Y uno de ellos –el mayor– es la falta de salud mental propia, y aquélla de los progenitores y la de los profesores a cuyo cargo están nuestros hijos, carencias que impiden que programas de tal índole cumplan su cometido en forma cabal.

No somos perfectos. Lo común es que manifestemos una serie de limitaciones que, con frecuencia, ponen en duda nuestra cordura. Y, aun cuando no existe una definición oficial sobre lo que es la salud mental, podemos decir que es la capacidad de interacción armoniosa con el entorno. Una persona con salud mental es capaz de enfrentar constructivamente los retos que la vida diaria le presenta, puede realizar su trabajo en forma productiva y competitiva, puede gozar de relaciones enriquecedoras con las personas con quienes interactúa y logra obtener satisfacción a partir de todo lo anterior. La salud mental hace posible la flexibilidad, la participación y la colaboración positiva con el medio, el logro de bienestar subjetivo y de calidad de vida, la autonomía y el equilibrio emocional. ¿Cuántas personas conoces que son así? Entre especialistas se habla de que una de cada cuatro personas presenta algún trastorno relacionado con la salud mental. Así que, simplemente, haz cuentas.

La mejor manera de conocer el propio estado de salud mental es observando nuestro comportamiento cotidiano en situaciones tales como el manejo de nuestros miedos y tensiones, nuestras capacidades y responsabilidades, la aproximación que realizamos para lograr nuestros fines y satisfacer nuestras distintas necesidades, el modo de afrontar nuestras relaciones interpersonales y nuestra capacidad de llevar a cabo una vida independiente. Aparte de lo anterior, es importante tomar nota acerca de cómo nos conducimos ante situaciones especialmente difíciles y cómo resultamos victoriosos o sucumbimos en momentos traumáticos. Todo esto nos sirve como indicador para darnos una idea acerca de nuestro nivel de salud mental.

Retomando el concepto del continuo de salud mental descrito anteriormente, es posible afirmar que los individuos pueden gozar de mayor o de menor salud mental. Por ejemplo, en una escala del cero al cien, en donde el cero representa la menor calificación posible, y el cien la mayor, podemos evaluar la salud mental individual atribuyéndole una cifra más o menos cercana al cien. Se entiende entonces que, mientras más próxima al cero esté la calificación de un sujeto, más lejano estará del bienestar y de la productividad que caracterizan la salud mental. Por lo mismo, sus capacidades de vivir en plenitud y actuar con flexibilidad y creatividad se verán mermadas.

No es necesario que pensemos en problemas tan graves como la locura para hablar de falta de salud mental. El estrés, la depresión y los trastornos de ansiedad, tan frecuentes no sólo en nuestro país sino en el mundo en general, son ejemplos comunes de este tipo de padecimientos, los cuales afectan la vida armoniosa del individuo y, como consecuencia, la de su familia. ¿No conoces acaso personas que han quedado incapacitadas para la vida laboral por un exceso de estrés?

Por otro lado, hay un sinnúmero de personas que padecen depresión aunque no hayan sido diagnosticadas y, por lo mismo, no han recibido tratamiento alguno. La depresión es una enfermedad mental altamente discapacitante, pues una persona aquejada de dicho trastorno sufre, entre otros problemas, de incapacidad de concentración, lentitud en sus pensamientos y movimientos, sentimientos de minusvalía y problemas para dormir, todo lo cual disminuye su capacidad de trabajo. Hay también personas que sufren de ansiedad y limitan por ello su campo de acción hacia actividades que les resultan, cuando menos, parcialmente manejables. No es raro descubrir que personas con un gran potencial restrinjan su labor a tareas poco demandantes, ante el temor de sucumbir frente a roles que podrían dispararles una ansiedad incontrolable.

¿Qué ocurre en el interior de una persona que sufre de tales trastornos? ¿Por qué unas personas soportan el estrés más que otras? ¿Qué provoca que una persona pierda interés por la vida y que llegue a considerarse indigna de vivir? Y, cuando una persona sufre de ansiedad, ¿qué sucede dentro de su cerebro para experimentar temores tan catastróficos ante situaciones que a otros les parecen irrelevantes?

Por lo que respecta a los seres comunes y normales (tomando el término "normal" como "individuo promedio"), nadie se escapa de ser víctima del estrés. Tampoco puede evitar sentir de pronto ciertas dosis de depresión o de ansiedad. Pero cuando esto se hace recurrente, prolongado e intenso, máxime sin situaciones traumáticas de origen, es momento de visitar al especialista. Algunos, con reticencia, acuden al psicólogo. Y aun cuando este paso ya implica vencer múltiples resistencias, las cosas se complican mucho más cuando, dadas las características del padecimiento, el psicólogo sugiere la consulta con el psiquiatra. ¡Vaya problema! ¿Quién no le teme a esta palabra? Las personas somos capaces de todo género de maniobras, antes de consultar a quien, popularmente, denominamos "el loquero". Aunque es posible desvanecer la ansiedad generada por tal término, si consideramos la opinión de Harry Stack Sullivan (1892-1949), médico psiquiatra y psicoanalista estadounidense, quien definió la psiquiatría como el estudio de las relaciones interpersonales manifiestas en la conducta observable. Él, a pesar de tener gran interés en conocer lo que ocurría en el interior de las personas, creía que sólo podían ser estudiadas a través de sus interacciones con los demás.

Cabe mencionar, también, que muchos padecimientos físicos que motivan la visita al médico internista, al cardiólogo, al neurólogo, al gastroenterólogo, al urólogo etcétera, son en realidad síntomas de desórdenes mentales, que con frecuencia los médicos mismos fallan en reconocer. ¡Y qué decir del uso de sustancias! ¿Sabías que la mayor parte de las personas que desarrollan alguna adicción tienen una enfermedad mental de base? Ante esta realidad, es válido suponer que si tales trastornos subyacentes se hubieran tratado adecuadamente en los primeros momentos de su manifestación, otro curso hubiera seguido su comportamiento. Está comprobado que muchos individuos han accedido a las drogas en un intento de automedicación, a fin de evitar la abrumante tensión que sienten que los desborda. Así las cosas, se ha investigado sobre las relaciones que ocurren entre la depresión y la adicción, la ansiedad y la adicción y la impulsividad y la adicción, y los resultados obtenidos han puesto de relieve que tales trastornos habitualmente preceden y conducen al uso de sustancias.

Gran parte de los trastornos mentales o psiquiátricos, como antes apuntamos, tienen que ver con la incapacidad personal para regular las propias emociones, tema que mencionamos apenas al inicio del capítulo. Éstas constituyen reacciones bioquímicas mediadas por nuestro sistema nervioso –que se manifiestan como impulsos que incitan a la acción– en respuesta tanto a las relaciones que entablamos con otras personas como a la satisfacción de un objetivo alcanzado o a la frustración que sucede al malogro de nuestras metas. Algunos especialistas sostienen que nuestras emociones siempre tienen que ver con otras personas; o, por expresarlo de modo distinto, con lo que sentimos en relación con los demás. Es decir, por lo común nos alegra recibir el reconocimiento de quienes amamos; nos entusiasma sentirnos útiles a los ojos de alguien más; nos enoja sentirnos maltratados por otro; nos llena de ansiedad sentirnos en ridículo frente al prójimo, experimentamos tristeza si sufrimos la pérdida de un ser querido. Igualmente, hay quienes "la llevan bien con los demás", saben relacionarse adecuadamente con otras personas y obtienen gratificación a través de las relaciones que establecen. Pero ésta no es una realidad compartida por todos, pues algunos individuos caen presos de ansiedad y pánico cuando se ven en la necesidad de interactuar con otros, máxime si esto implica verse sometido al juicio ajeno o a la posibilidad de rechazo –real o imaginado– por parte de los demás. Y por lo que respecta al logro de metas, hay quienes viven sus pequeños o grandes "reveses" con relativa serenidad, mientras que otros parecen desmoronarse cuando fracasan en alguna iniciativa. Hay quienes se plantean metas realistas y se motivan para lograrlas, sorteando los obstáculos que inevitablemente se encuentran en el camino, aunque otros pierden su empuje al momento mismo de encontrar alguna dificultad. También hay individuos que, con un entusiasmo exacerbado y fantasioso, se lanzan impulsivamente tras fines inciertos, y se conducen directamente –sin saberlo– a la ruina. ¿Qué hay detrás del comportamiento de unos y otros?, ¿qué motiva su conducta?

Los desórdenes mentales son el resultado de una interacción compleja de factores tanto biológicos como psicológicos y sociales. Uno pudiera creer que por el simple hecho de haber nacido, existe la garantía de que su cuerpo y su mente funcionarán bien, pero no son así las cosas. Quien ha tenido la mala fortuna de heredar alguna enfermedad –o si su madre sufrió complicaciones durante el embarazo o el parto, o si una vez nacido padeció circunstancias especiales que lo han impedido de alguna u otra manera–, sabrá que en todo momento hay situaciones que se interponen entre un organismo vivo y su salud.

Es un hecho que la herencia juega un importantísimo papel en los trastornos mentales. Al abordar distintos padecimientos en capítulos posteriores, haremos mención de tales factores. Sin embargo, es fundamental mencionar que, en la actualidad, hay campañas que hacen hincapié en las labores de prevención, las cuales invitan a la construcción de ambientes saludables, que fomenten una sana autoestima y unas relaciones interpersonales promotoras de bienestar y de salud.

Así, se enfatiza en el papel que juega la familia, sobre todo en los primeros años de vida. A este respecto, se habla de la importancia de la labor "contenedora" de la madre o de la persona que ejerce el rol de "cuidador" de un niño pequeño. Asimismo se habla de la importancia, a lo largo de toda la vida, de llevar a cabo y de fomentar hábitos saludables, mantener buenas relaciones familiares mediante una sana comunicación y comprometerse en actividades productivas, temas que se tratarán nuevamente en los últimos capítulos.

Por otro lado, ante la incapacidad o insuficiencia de muchas familias para desarrollar estilos de vida saludables, se han hecho llamados a las escuelas, de modo que integren en su agenda cotidiana, actividades tendientes a desarrollar habilidades específicas de fomento a la fortaleza psicológica en su alumnado, pues ésta ha probado ser requisito para desarrollar y mantener una vida mentalmente sana, en oposición a la vulnerabilidad que hace a las personas propensas a sufrir desestabilizaciones o rupturas de su equilibrio cognitivo y emocional.

Es propósito de esta obra crear conciencia en el lector sobre el papel que cada uno de nosotros juega en la creación u obstaculización de una sociedad promotora de la salud mental. Hay factores de protección contra la enfermedad mental, y uno de ellos es la creación de ambientes sociales caracterizados por la aceptación de quien es diferente, por la compasión y la empatía hacia aquel que sufre.

La empatía es la capacidad de comprender los pensamientos y sentimientos específicos de otra persona, de modo que esta última pueda verse reflejada en las palabras del primero. Si uno es suficientemente empático, será capaz de lograr que la otra persona se sienta comprendida y reconocida al expresar con sus propias palabras cómo advierte que el otro piensa y siente. Quien posee empatía logra mantenerse sereno, incluso cuando los demás actúan de modo desagradable, pues comprenderá que sus actos obedecen a un dolor o a un malestar subyacente.

Una persona con fragilidad o vulnerabilidad psicológica fácilmente sucumbe hacia trastornos mentales mayores. No obstante, un ambiente "contenedor" y empático, capaz de brindarle apoyo, puede hacer la diferencia.

Como se señaló, el problema es complejo, y ante la multitud de dificultades es fácil sucumbir y pensar que nada podemos hacer. No obstante hay algo que está a nuestro alcance y eso es vigilar y procurar nuestra propia salud mental. Por cada persona mentalmente sana que forme parte de un grupo social determinado, más cercanos estaremos, como sociedad, de alcanzar nuestra salud mental.

Por qué somos como somos

Cuando Hilda era adolescente, criticaba a su madre de narcisismo, pues ella solía considerarse perfecta, y así se expresaba de sí misma. Hoy en día, siendo ya una mujer madura, Hilda padece del mismo mal, sólo que lo manifiesta de distinta manera que su madre. Teme profundamente la crítica y siempre busca mantener su distancia con respecto a los demás. Aun cuando no lo expresa abiertamente –pues ni siquiera se ha percatado de ello–, en el fondo le abruma renunciar a su imagen de perfección. ¿Cómo llegaron ambas a desarrollar este rasgo de personalidad? Algún hecho común tuvo que haber ocurrido en sus años de formación.

Los seres humanos compartimos ciertas necesidades básicas como, por ejemplo, de relación, de exploración y de autoexpresión, por citar sólo algunas. La forma de ser de cada individuo se construye a partir de las interacciones que ocurren entre sus necesidades infantiles y el medio que lo rodea. Lo común es toparse con un ambiente que limita la satisfacción de las propias necesidades. Así, conforme un niño aprende distintas maneras de responder a la frustración que estas limitaciones le

23

reportan, va conformando su carácter o personalidad, términos que utilizaremos indistintamente en esta obra.

Podemos definir la personalidad como todas aquellas formas características de pensar, de sentir y de actuar que identifican a una persona, las cuales confieren a sus respuestas adaptativas un equilibrio más o menos rígido o flexible, según sea el caso. Distintas teorías –algunas más controvertidas que otras– han intentado explicar de distintas maneras el proceso de formación de la personalidad. Veamos lo que al respecto –cada uno en su momento– han mencionado algunos autores. Para ello apelaremos al término "neurosis". Ésta, en términos simples, puede ser entendida como una enfermedad funcional del sistema nervioso, caracterizada principalmente por inestabilidad emocional.

Para Karen Horney (1885-1952), psicoanalista alemana, la cultura determina qué se considera normal o neurótico en una sociedad dada. Ella se refiere a la neurosis como una alteración global de la personalidad que se caracteriza, entre otras cosas, por distorsiones de las relaciones del individuo con los demás y consigo mismo, las cuales derivan de los conflictos emocionales y de la ansiedad. Esta última aparece inicialmente cuando un niño experimenta rechazo por parte de sus padres (o cuidadores), ante lo cual reacciona con sentimientos de soledad, desamparo y miedo hacia un mundo potencialmente hostil.

En el intento de evitar dicha ansiedad, el pequeño puede desarrollar distinto tipo de actitudes hacia sus padres (y posteriormente hacia los demás). Estas estrategias –de las que hablaremos adelante– distan de lograr su cometido, pues le generan más ansiedad. Y no sólo eso, sino que paulatinamente van dando lugar a discrepancias entre su potencial y su desempeño, además de provocarle rigidez de comportamiento, sufrimiento, rendimiento inadecuado en múltiples áreas de su vida y padecimientos físicos que responden a problemas psicológicos de base.

Las formas de aplacamiento de la ansiedad que Horney describe son tres, todas las cuales constituyen enfoques neuróticos. El primero, basado en la autoanulación, pretende resolver las dificultades de la vida a través del sometimiento. La persona que opta por esta "solución" es hipersensible a la crítica, al rechazo y al abandono; inhibe cualquier expresión de agresividad, iniciativa, competitividad y lucha hacia el éxito. El segundo enfoque busca el control y el prestigio, detesta el afecto, y considera la simpatía y la confianza como manifestaciones de debilidad; teme admitir el error y la imperfección, incluso en la forma de algún tipo de enfermedad. El tercero y último enfoque busca la independencia; teme la influencia, la obligación, la intrusión, la coerción y el cambio; huye del conflicto, de los sentimientos y de los vínculos afectivos en general.

Cualquiera de los enfoques anteriores resulta inadecuado para alcanzar la armonía interior. Son soluciones frágiles que no logran aliviar la tensión ni el malestar, hecho que conduce a la persona a intentar otras soluciones auxiliares que consisten, entre otras cosas, en formarse un concepto glorificado de sí mismo (de ahí el narcisismo al que antes nos referimos), en virtud del cual espera recibir un trato "cortés" por parte de los demás. De esta manera, las necesidades irracionales de la persona neurótica –basadas en sus miedos, inhibiciones y sentimientos de carencia– toman la forma de exigencias, demandas y reclamaciones. Por otro lado, el individuo se esfuerza por ajustar su conducta –y en ello finca su orgullo– al concepto irracional e ideal que tiene de sí mismo, mediante un sistema de autoimposiciones, la mayoría inconscientes.

El orgullo neurótico puede asumir diversas formas: orgullo en el prestigio, en el intelecto, en la fuerza de voluntad, en la virtud moral, en la apariencia física, en la destreza sexual. Ante el fracaso o la desaprobación, son frecuentes la vergüenza y la humillación. En el fondo, el neurótico siente odio hacia sí mismo, el cual asume la forma de implacables demandas a su persona, incesantes autoacusaciones, autodesprecio y conducta autodestructiva. Como veremos más adelante, muchos de estos rasgos contribuyen a la depresión y, retomando el ejemplo apuntado al inicio del capítulo, podemos decir que tanto Hilda como su madre han caído en esta espiral neurótica. La hija, apartándose de los demás; la madre, imponiéndose ideales de perfección. De una u otra forma, ambas se han creado una imagen glorificada de sí mismas, la cual ha venido a afectar sus relaciones con los demás y les ha restado productividad y espontaneidad, ya que mantener dicha postura consume gran parte de su energía.

Conozcamos un relato más, y analicémoslo desde otra perspectiva. Para ello nos apoyaremos en la teoría de Harry Stack Sullivan (1892-1949), psicoanalista estadounidense, quien también confiere importancia primordial a la ansiedad. Él sostiene que la personalidad se desarrolla mediante un proceso de aprendizaje que tiene como fin manejar la ansiedad.

Cuando era pequeña, Noemí presentó ansiedad de separación, la cual se manifestó en la siguiente forma: una vez que tuvo edad suficiente para ir al jardín de niños, no quería apartarse de su hogar, y en múltiples ocasiones sus padres tuvieron dificultades para que aceptara el hecho de que debía asistir a la escuela. Aun cuando poco a poco fue aprendiendo a socializar con otras niñas de su edad, por lo común se relacionó con chicas "marginadas", hasta que llegó a la secundaria. En aquel momento pudo finalmente integrarse con personas mejor adaptadas, aunque nunca superó del todo su ansiedad, y difícilmente se relacionaba con alguien fuera de su pequeño círculo social.

Más adelante, en la preparatoria, quedó prácticamente a la deriva, cuando sus amigas cambiaron de escuela. El momento más difícil del día eran las pausas para el recreo, pues, no teniendo amigas con quienes estar, se quedaba sola en el patio escolar, o bien, buscaba apoyar a los maestros en alguna labor, a modo de evitar el aislamiento total. Aun así, nunca se integró realmente con compañeras de su edad. Como es natural, su soledad no contribuía a su autoestima, pero ella comenzó a construir esta última mediante sus buenas calificaciones, buscando, posiblemente, la aprobación de sus padres. Con este afán apretó en el estudio y comenzó a obtener sólo notas excelentes, manifestación de incipientes síntomas obsesivos de autocontrol y perfección. Hoy en día, aunque es ya una joven adulta, sigue presentando problemas de adaptación y sufre enormemente al tener que integrarse en distintos grupos. Esto ha afectado su rendimiento laboral, y dado que la aprobación paterna se ha dirigido ahora hacia el éxito económico de su hija, su sentido personal de valía se ha visto disminuido. Aunado a ello, continuamente se siente sola, insegura, desamparada, impotente y con otros síntomas de ansiedad y depresión.

Para Sullivan, la personalidad se construye a través del empleo de diversas maniobras adaptativas y técnicas defensivas que buscan lograr la aprobación de personas significativas. Un concepto importante en su teoría de la personalidad es el de la autoestima, la cual se construye gracias a la creciente fuerza, confianza y seguridad que un individuo experimenta cuando ve satisfechas sus necesidades biológicas y sociales. La estima propia es fundamental para enfrentar con éxito los sentimientos de impotencia y desamparo que necesariamente acompañan a una persona en el curso de su vida. Sullivan considera que una adolescencia caracterizada por una autoestima débil con tendencia a la ansiedad en las relaciones interpersonales, se acompañará de dificultades extremas en la vida adulta, las cuales se manifiestan, entre otras cosas, en carencia de autorrespeto e incapacidad para establecer relaciones íntimas afectuosas y conductas de colaboración.

Desde su perspectiva, la neurosis ocurre cuando el individuo hace uso de procesos sustitutivos para mantener la ansiedad en niveles tolerables. Así, por ejemplo, si el enfrentamiento claro con sus problemas constituye fuente de ansiedad para una persona, ésta puede desarrollar amnesia o síntomas físicos que le permiten evitar encararse con su realidad. De la misma manera, un individuo puede intentar ejercer un máximo control sobre sí mismo y sobre su entorno como supuestas medidas de protección en contra de la incertidumbre y la inseguridad. Así es como se desarrolla una personalidad obsesiva (o incluso un trastorno obsesivo), términos que explicaremos más adelante. Es entonces cuando la persona se esfuerza por lograr la perfección –pretendiendo colocarse fuera de toda crítica, rechazo o amenaza– e incluso evitando el compromiso y la participación, pues tales acciones contienen elementos emocionales que escapan de su control. Noemí, en su afán de evitar su ansiedad "social" y de asegurarse la aceptación paterna, dirigió su energía al desempeño académico. No obstante, a la fecha no ha superado su ansiedad y claramente manifiesta signos y síntomas que bien pueden catalogarse como obsesivos.

Por último, consideremos la aproximación de Stephen Johnson. Seguramente encontrarás algunas similitudes entre su pensamiento y las tres teorías ya expuestas. Johnson, quien es autor de varios libros sobre desarrollo del carácter, habla de este tema más o menos en los términos siguientes:

Cuando un niño nace, solamente está equipado con reflejos para responder a determinados estímulos. Así, por ejemplo, cuenta con el reflejo de succión que le permite, sin ninguna forma de aprendizaje previo, aferrarse a la fuente de su alimento. Sin embargo, estas maneras naturales de respuesta no le resuelven todas sus necesidades y, tarde o temprano, deberá ir constituyendo un nuevo y más complejo repertorio de conductas. De esta manera es como desde una temprana edad, un individuo empieza a ensayar distintos comportamientos con el fin de eliminar –o cuando menos disminuir– la tensión que le reportan sus necesidades insatisfechas.

Si estas estrategias le han resultado útiles –cuando menos en forma parcial y desde su personal perspectiva– lo común es que recurra a ellas en el futuro para enfrentar situaciones que le parezcan amenazantes. De esta manera sus respuestas iniciales van quedando fijas y dando paso a un repertorio individual de comportamientos –su incipiente personalidad–, la mayoría de ellos rígidos y resistentes al cambio. Así, conforme va completando su desarrollo, el individuo repite pautas de conducta que en el pasado le reportaron alguna utilidad, aun cuando lo deseable sería ir buscando nuevas formas de respuesta cada vez más adaptativas, pertinentes y adecuadas.

Para que un carácter se constituya, las personas recorren varias etapas. Primero hay un intento de autoafirmación mediante el cual el pequeño expresa sus necesidades instintivas; enseguida el medio social responde negativamente impidiendo su satisfacción; a continuación el niño reacciona con rabia, miedo y dolor, aunque, paulatinamente, va identificándose con su ambiente social restrictivo y se niega a sí mismo, inmovilizándose; por último el chico se ajusta, adoptando un cierto estilo de comportamiento, en un afán de resolver un conflicto, por demás, irresoluble. Así es como aprende a utilizar una serie de maniobras de autorrestricción y mecanismos defensivos que determinan los aspectos de sí mismo que suprimirá y cuáles resaltará o exagerará, dando lugar a un carácter más o menos funcional.

La funcionalidad de una persona se manifiesta en sus pensamientos, sentimientos y acciones. Así, por ejemplo, mientras más saludable sea, manifestará mayor objetividad y mejor calidad en sus juicios, mostrará más estabilidad emocional y será más clara en cuanto a sus intenciones e interacciones. Asimismo, será capaz de regular sus emociones con efectividad; manifestará buena tolerancia a la ansiedad y a la frustración; poseerá buenas habilidades para gratificarse a sí misma; construirá un sentido moral congruente y empático, y sabrá establecer vínculos adecuados –de distancia o acercamiento– en conformidad con el tipo de relación de que se trate, manteniéndose segura y confiada.

	Menor funcionalidad de la persona	Mayor funcionalidad de la persona
Objetividad	Mala	Buena
Calidad en sus juicios	Baja	Alta
Estabilidad emocional	Inestable	Estable
Intenciones e interacciones	Ocultas	Claras
Regulación de emociones	Poco efectiva	Efectiva
Tolerancia a la ansiedad y a la frustración	Baja	Alta
Habilidades de autogratificación	Pobres	Buenas
Sentido moral	Infantil	Congruente y empático
Vínculos	Aferrados, indiferentes o ambivalentes	Buena distancia y acercamiento

En contraste, una persona no funcional realizará juicios deteriorados y alejados de la realidad, será emocionalmente lábil, y sus acciones tendrán intenciones ocultas. Sucumbirá a la ansiedad y fallará en tolerar la frustración; sus habilidades de autogratificación serán pobres; caerá fácilmente en estados regresivos (es decir, manifestará comportamientos propios de edades más tempranas); poseerá una moral infantil; entablará relaciones aferradas, indiferentes o ambivalentes, y exhibirá conductas destructivas y de terror ante el abandono y el rechazo, tanto reales como imaginados. En la medida en que una persona esté más propensa a exhibir este último tipo de conductas, más próxima estará a padecer un trastorno de la personalidad o incluso una psicosis, que representa el deterioro mayor. Un trastorno mental menos severo que las psicosis y los trastornos de personalidad, lo constituyen las neurosis. Y, luego, avanzando más hacia el extremo saludable, encontramos los rasgos de carácter también denominados estilos de personalidad.

Para distinguir los rasgos de carácter de los síntomas neuróticos, debemos tener en cuenta el éxito o fracaso en los sistemas defensivos adoptados por una persona. Los rasgos de carácter facilitan el logro de metas positivas mediante la transformación de los impulsos y la ansiedad concomitante en conductas socialmente aceptables. Así, por ejemplo, hay personas que han desarrollado hábitos que privilegian el orden y el esmero. Estos rasgos serán constructivos en muchas situaciones, por ejemplo, en profesiones que exigen un desempeño detallado y cuidadoso. De esta manera, sus particulares rasgos de carácter permitirán a estos individuos ser precisos y confiables en su trabajo.

Para el caso de los síntomas neuróticos, las cosas no ocurren así, sino que se presentan de la siguiente manera. Un rasgo de carácter se vuelve exagerado en detrimento de otros. Como consecuencia, el individuo experimenta dificultades para desempeñarse bien, pierde productividad en su trabajo o se vuelve incapaz de entablar relaciones afectivas, o manifiesta incapacidad en ambas áreas a la vez. Así, por ejemplo, un exacerbado afán de orden puede constituirse en obstáculo para el buen funcionamiento.

Antes de concluir el capítulo, volveremos al concepto de los rasgos de carácter o los estilos de personalidad. En éstos encontramos que la persona posee mayor confianza en sí misma y ofrece respuestas más sanas y adaptadas. Aunque en ocasiones puede experimentar cierta inquietud interior, en ella hay una relativa ausencia de síntomas y mayor conciencia en torno a las causas provocadoras de malestar y conflicto interior. En este nivel, un individuo funcionará habitualmente con alta integración, pero, atendiendo a sus rasgos específicos de personalidad, podrá sufrir retrocesos esporádicos cuando sienta su seguridad o su autoestima amenazada. Y aun cuando muy probablemente pocas personas lleguen a alcanzar el extremo más funcional del continuo estructural, todo individuo que pretenda descubrir el alcance de su potencial evolutivo necesita avanzar consistentemente en esa dirección.

A partir de estas explicaciones, podemos sostener que tanto Noemí como Hilda y su madre estarán más sanas en la medida en que manifiesten funcionalidad, llevando en general vidas productivas, constructivas y en armonía con los demás, y mientras sus síntomas no afecten la totalidad de su personalidad, se presenten en forma leve y esporádica y, fundamentalmente, en situaciones que les exijan ajustes fuera de lo común. A este respecto queremos puntualizar que hay ciertos factores en la personalidad que se consideran precursores de posibles trastornos futuros.

A lo largo de la obra, repetidas veces nos hemos referido al concepto del continuo mental. También hemos señalado que las personas varían en cuanto al grado de salud mental que manifiestan y que ésta se mide, fundamentalmente a partir de su equilibrio emocional. Se entiende que habrá ciertos tipos de personalidad más vulnerables a la enfermedad que otros y que, en determinadas circunstancias, los individuos con personalidades frágiles pueden mostrarse incapaces de evitar el desarrollo de trastornos mayores.

Tal es el caso de muchos niños introvertidos, soñadores, tranquilos, obedientes, particularmente "buenos", pasivos y con muy pocos amigos. En la escuela, suelen ser buenos en gramática pero malos en aritmética, evitan todo tipo de deportes competitivos pero en cambio disfrutan del cine, la televisión, la música y la lectura, básicamente de textos filosóficos y psicológicos. En la adolescencia, y aun después, son especialmente "herméticos" y no causan problemas. No gustan del baile, muestran poco interés en actividades heterosexuales y tienden al aislamiento. En su juventud y adultez pueden llegar a realizar gran cantidad de trabajos diferentes pero ninguno de manera estable. Este tipo de personalidades, si no son bien canalizadas, pueden mostrar desadaptación –que va de ligera a grave–, durante toda su vida. Por fortuna, es posible entrenar a estos chicos a relacionarse mejor con otros compañeros de su edad e incluso a disfrutar de distintas actividades en grupo. Esto es muy importante pues, como veremos más adelante, la salud mental y calidad de vida de una persona depende en gran medida de sus redes sociales. Todo padre de familia verdaderamente interesado en el bienestar de sus hijos debe asegurarse de que éstos cuenten, cuando menos, con uno o dos buenos amigos y que compartan pasatiempos grupales sanos.

Las sugerencias anteriores y cualesquiera otras que fortalezcan y orienten adecuadamente la confianza en sí mismos constituyen medidas de protección para todo individuo en riesgo: todas aquellas personas inseguras que en su juventud han manifestado bajo amor propio o baja autoestima; un fuerte verdugo interior, que fácilmente los insta a la culpa; rasgos infantiles; dificultades para relacionarse en sociedad –más aún para entablar relaciones maduras y duraderas–; tendencia al desequilibrio en situaciones de estrés; necesidad constante y excesiva de apoyo ambiental; inclinación a los pensamientos obsesivos y a la introversión, y cierta dosis de narcisismo. Más adelante describiremos detalladamente ciertos tipos de personalidad que, debido justamente a estas características, fácilmente caen en estados depresivos.

En los capítulos finales hablaremos acerca de algunas habilidades fundamentales que incluso los niños de tres años pueden realizar, las cuales contribuyen definitivamente a estimular su salud emocional. Recordemos que aun cuando en la enfermedad mental hay factores heredados, también la influencia del entorno juega su parte. Hagamos lo posible por crear ambientes emocionalmente sanos, que favorezcan la salud psicológica de nuestras familias y, en la medida de lo posible, ayudemos a que ocurra lo mismo en otras personas con quienes entremos en relación.

VAYAMOS A LOS HECHOS

Esperamos que, para este momento, ya te hayas formado una idea clara sobre cómo se constituye la personalidad y cómo algunas irregularidades de comportamiento pueden ser evitadas o reorientadas a fin de procurar el bienestar emocional y mental en nuestra sociedad, porque, como reza el dicho, "Más vale prevenir, que lamentar". Y en cuestiones tales como la salud mental, resulta más costosa la intervención médica una vez que un trastorno mental serio ha sido declarado, que las labores preventivas que, bien pueden hacerse, en el ámbito familiar, en el entorno escolar, o a través de los medios masivos de comunicación, incluso. Y "como los últimos serán los primeros", comencemos por hablar de la labor que a este respecto, en diversos países –incluido el nuestro– se está realizando a través de distintos medios informativos.

Si eres una persona sensible para detectar pequeños o grandes cambios en el ambiente noticiero, digamos, en lo referente a los temas de actualidad de los cuales se hace mención en los medios, tal vez hayas advertido que hoy en día, a diferencia del pasado, se habla con cierta frecuencia de padecimientos mentales o psiquiátricos. Cada vez es más común escuchar que algún especialista en salud mental ha sido invitado a participar en programas de radio o de televisión. Asimismo, bastante a menudo se transmiten entrevistas en donde especialistas, enfermos y sus familiares comentan sobre sus experiencias en torno a algún padecimiento mental y acerca de distintos cursos de acción. ¿A qué pudiera obedecer tal apertura o disposición a transmitir semejante tipo de contenidos?

Seguramente que en este asunto mucho ha tenido que ver el papel que han jugado distintas asociaciones civiles que han luchado activamente a favor de terminar con el silencio que se cierne alrededor de estas enfermedades, tan discapacitantes la mayoría de las veces. Pero también otro factor, por demás preocupante, ha contribuido a "descorrer la cortina": las estadísticas nacionales reportan que son cada vez más los ciudadanos que requieren de atención psiquiátrica, cuando la realidad es que sólo buscan tratamiento la minoría de ellos.

A nivel mundial, mediante estudio realizado por la Organización Mundial de la Salud en 2001, se reveló que aproximadamente 30% de la población mundial presenta algún trastorno mental, cuando menos de la categoría de los llamados trastornos psiquiátricos menores, que abordaremos más adelante. De este porcentaje, se calcula que 10% de personas sufren depresión, 14% padecen de ansiedad y el resto presenta algún otro tipo de padecimiento mental.

Con respecto a la discapacidad, la misma OMS indica que 33% de los años vividos con ella son causados por trastornos neuropsiquiátricos. Por su parte, el Banco Mundial manifiesta que el impacto de los trastornos mentales representa 12% del costo total de enfermedades. Y si bien, la discapacidad puede estar motivada por causas diversas, cuatro de cada seis obedecen a trastornos neuropsiquiátricos.

Esto tal vez pueda entenderse mejor si comparamos distintas cifras entre sí, pues la OMS manifiesta que, en relación con los años de vida ajustados por discapacidad, 13% se debe a trastornos psiquiátricos, mientras que la discapacidad causada por el SIDA constituye 6%; las enfermedades vasculares 10%, y los tumores malignos 5%.

Por otro lado, el tema de las adicciones cobra cada día mayor importancia, puesto que el número de personas que hacen uso de drogas de distinto tipo va a la alza, y, como ya se apuntó, diversos estudios han puesto de relieve la enorme relación que existe entre trastorno mental y drogas. Como se dijo, hay personas que tratan de aliviar sus desórdenes mentales mediante las drogas, cuando lo común es que sólo aceleren el proceso, por ejemplo, muchos casos de esquizofrenia parecen haberse disparado como consecuencia del consumo. Siempre cabrá la discusión en torno a la causa y el efecto. ¿Fue la droga la causante de la enfermedad? o ¿una vulnerabilidad previa motivó el uso de las sustancias y la consiguiente manifestación declarada de la enfermedad?

Lamentablemente, un cerebro con trastornos mentales es un cerebro frágil, y el embate de las drogas no hace sino aumentar la probabilidad de un quiebre, que bien podría evitarse si se hiciera a tiempo un manejo adecuado de los síntomas, o, mejor aún, si lleváramos a cabo una labor preventiva, a fin de fortalecer psicológicamente a las personas, de modo que fueran capaces de afrontar exitosamente los distintos retos que la vida les presenta.

En nuestro país, en el año de 2003, investigadores del Instituto Nacional de Psiquiatría Juan Ramón de la Fuente realizaron la Encuesta Nacional Epidemiológica de Enfermedades mentales. A partir de la información obtenida, manifestaron que:

- Aproximadamente 15% de la población mexicana tiene necesidad de servicios psiquiátricos.
- Con respecto a quienes padecen desórdenes mentales, los trastornos de ansiedad ocupan el primer lugar, aquejando a 14.3% de mexicanos por lo menos una vez en su vida. Esta cifra se eleva a 16.6%, si incluimos dentro de ella a los trastornos obsesivo compulsivos. Le sigue la depresión en 7%, el trastorno bipolar en 1.6% y la esquizofrenia en 1%. Con respecto a la depresión, cabe mencionar que 92% de personas que la padecen no son diagnosticadas, y por consiguiente no reciben tratamiento alguno.
- Más de 50% de las personas que tienen enfermedad mental usan drogas y alcohol como una forma de automedicación.
- El suicidio –que constituye la tercera causa de muerte entre los jóvenes de 15 a 24 años– está relacionado con la enfermedad mental cuando menos en 90% de quienes se quitan la vida o intentan hacerlo. Más aún, en algunos estados de la República, el suicidio representa incluso la primera o segunda causa de muerte en los jóvenes, de acuerdo con datos proporcionados por el Instituto Nacional de Estadísticas y Geografía (INEGI).
- Con cierta frecuencia, personas que sufren de algún padecimiento mental buscan alguno o algunos de los denominados tratamientos de medicina alternativa. No obstante, hay quienes a pesar de presentarse ante un médico general, muchas veces no reciben la ayuda necesaria porque sus síntomas no son reconocidos en la consulta. A menudo pasan tres años antes de que dichas personas sean referidas a un especialista. No es raro tampoco que

seis médicos hayan sido consultados antes de llegar con quien finalmente proporcione el tratamiento adecuado.

Otro grave problema al que nos enfrentamos es que la cobertura de los seguros de salud mental por parte de nuestro gobierno es muy limitada, a la vez que los seguros particulares (incluidos los seguros laborales privados) no consideran a las enfermedades mentales.

Aunado a lo anterior, sólo contamos con 3 000 psiquiatras para cubrir las necesidades de salud mental en todo el país, aunque casi la mitad de ellos están concentrados en el Distrito Federal, lo cual implica que en algunos estados de la República, la carencia de psiquiatras es casi absoluta.

Volviendo al papel que los especialistas han tenido en los medios en cuanto a la divulgación de conocimientos en torno a la enfermedad mental, podemos destacar el énfasis que han puesto en los hechos siguientes:

- Las enfermedades mentales son trastornos biológicos cerebrales que no pueden vencerse mediante la voluntad y que no guardan relación alguna con la "moralidad" o la inteligencia de la persona.
- Hay trastornos mentales severos que incapacitan para la vida productiva a quien los padece, y también existen trastornos psiquiátricos menores. En el contexto laboral, los padecimientos que más inhabilitan a los latinoamericanos ocurren de la siguiente manera: en primer lugar, la depresión; en segundo, el alcoholismo y en tercero, la esquizofrenia.
- Se calcula que hacia el año 2020, el trastorno depresivo mayor será la principal causa de discapacidad mundial para las mujeres y los niños.

- La enfermedad mental ataca a los individuos en la flor de sus vidas, a menudo durante la adolescencia o en la edad adulta temprana. Aun cuando personas de todas las edades son susceptibles a contraerla, los jóvenes y ancianos son especialmente vulnerables.
- Cuando no se recibe tratamiento alguno o éste resulta inefectivo, las consecuencias de la enfermedad mental son desastrosas: discapacidad, desempleo, abuso de substancias, carencia de hogar, encarcelamiento, vidas destrozadas o incluso suicidio. Por otro lado, cuando el apego al tratamiento es pobre, hay un enorme aumento en el costo económico a causa de las inevitables recaídas.
- En la actualidad hay tratamientos muy efectivos. La combinación de terapias farmacológicas y psicosociales, así como distintas redes de apoyo, contribuyen a reducir significativamente los síntomas y a mejorar la calidad de vida de 60 a 80% de los individuos que padecen trastornos mentales.
- La identificación y el tratamiento oportunos representan una clara ventaja, pues la pronta y adecuada atención acelera la recuperación y protege el cerebro de posibles daños relacionados con el curso de la enfermedad mental.
- El señalamiento, el juicio y la crítica hacia quienes padecen estos trastornos expresan ignorancia sobre la enfermedad mental. Por otro lado, alejan al enfermo de la posibilidad de pedir ayuda, toda vez que prefiere evitar la crítica a reconocer su padecimiento y su necesidad de atención.
- El estigma lleva al aislamiento social, a la vergüenza y a la culpa, destruye a menudo las relaciones familiares, provoca conflictos entre los hermanos, pues quienes están sanos a menudo se sienten culpables por haberse sal-

vado de la enfermedad o sienten enojo e incluso temor de contraerla, además, viven preocupados en torno a la obligación de convertirse más adelante en cuidadores del enfermo.

- Muchos niños y adolescentes que padecen alguna enfermedad mental jamás son diagnosticados ni reciben tratamiento alguno, pudiendo presentar disminución en su rendimiento escolar y mala relación con sus compañeros. La intervención oportuna es vital para obtener una mejoría en su salud, tanto académica como emocional.

Para enfatizar en la importancia de la acción individual y colectiva, quisiéramos retomar algunas de las situaciones planteadas previamente. Estamos prácticamente a la mitad de una nueva década. Si la Organización Mundial de la Salud estima que en unos años más, la causa fundamental de incapacidad en mujeres y niños será la depresión mayor, esto implica, entre otras cosas, que hemos creado una sociedad en donde sólo unos cuantos pueden y podrán vivir bien.

Algunos aseguran que la vida es como una fiesta, planeamiento del cual diferimos. Para la mayoría de los seres humanos que habitan este planeta, la vida constituye una auténtica pesadilla. Sin embargo, utilizando metáforas afines a la primera, y haciendo alusión a los pronósticos de la OMS para 2020, podemos afirmar que si no hacemos algo al respecto, para entonces habrá más personas "fuera de la jugada", o, "que no habrán ido al baile" o, para hablar más claro, en el mundo de allá afuera habrá menos participantes entre los cuales repartir "el botín"… aunque, yéndonos un poco más atrás, deberemos aceptar que a lo largo de la historia de la humanidad ha habido millares de personas que jamás han sido invitadas al "campo de juego".

Aun cuando en capítulos subsecuentes abordaremos con mayor detalle el tema de la depresión, por el momento podemos poner de relieve que ésta se acompaña, entre otros síntomas, de fatiga física, pensamientos negativos, desesperanza y sentimientos de devaluación e inutilidad. No es raro que una persona deprimida fracase en alcanzar sus metas, pues su falta de energía y su ánimo pesimista la van dejando al margen del cotidiano trajín de la vida común. Si eres una persona con un ápice de empatía, imagina que alguna de estas mujeres o niños —que pronto serán víctimas de la depresión— fuera tu madre, tu esposa, tu hermana, alguno de tus hijos u otro de tus seres profundamente amados.

Todos, en alguna medida, contribuimos a acrecentar la depresión ajena. La mayoría de las veces, sin percatarnos de ello. Cada vez que dañas abierta o veladamente a una persona, afectas su estabilidad emocional, disminuyes su energía y acrecientas su posibilidad de depresión. Y también, cada vez que te maltratas y te lastimas tú mismo, estimulas el aumento de enfermedad mental en la humanidad. De modo que, mediante simples hábitos de autocuidado, podrías favorecer la salud mental de toda la especie humana.

Analicemos un poco más las condiciones de nuestra sociedad actual. Al mismo tiempo que unos enfatizan el incremento masivo de la depresión y sus consecuencias, hay quienes destacan que el comportamiento antisocial en los niños está creciendo en proporciones agigantadas. Algunos lo atribuyen a la proliferación de estilos de vida estresantes, más intensamente competitivos que antes, con menos valores certeros para guiar a la gente, dentro de una era caracterizada por el cinismo y el materialismo.

Cualquiera que sea la causa, la incidencia de enfermedades mentales en general va a la alza. Y esto es evidente en todos niveles. Sirvan como muestra las experiencias de individuos que se desempeñan en labores donde continuamente se da el contacto con otras personas, como son el sector educativo y el de la salud. Los siguientes tres relatos nos revelan una dolorosa realidad.

Marianela y Azucena son propietarias de una escuela que ambas dirigen, la primera, como directora académica y como directora administrativa, la segunda. Su escuela, que en total alberga a unos trescientos alumnos desde preescolar hasta secundaria, puede considerarse exitosa. Goza de buena reputación en su comunidad y ambas mujeres se sienten contentas y satisfechas con los resultados logrados, aunque las cosas han ido cambiando paulatinamente en los últimos años. Los problemas de disciplina, que antes eran poco frecuentes, se han hecho cada vez más presentes. Por otro lado, faltas que pueden considerarse medianamente severas y que antes ocurrían en forma esporádica, han ido aumentando a ritmos acelerados, como, por ejemplo, robo o daño de objetos que son propiedad de algún compañero o maestro, o abuso por parte de alumnos que cobran dinero a otros por el derecho de utilizar el sanitario o en garantía de protección. En otros contextos, docentes han sido atados y amordazados por sus alumnos, y chicos deliberadamente han intentado envenenar a otros o los han golpeado al grado de enviarlos al hospital o causar su muerte.

Aunado a lo anterior, los conflictos que se suscitan con los padres de familia –situación a la que los maestros a menudo tienen que enfrentarse– también se han acrecentado. En reuniones periódicas a las cuales los supervisores escolares de zona convocan a los directores de las escuelas de su competencia, Marianela y Azucena han tenido la oportunidad de corroborar que aquellas irregularidades no son privativas de su colegio. En general los maestros reportan más dificultades que antaño para mantener la disciplina en sus grupos e incluso se muestran sorprendidos ante la enorme cantidad de alumnos que han sido diagnosticados con trastorno por déficit de atención. Por otro lado, es común entre los docentes comentar que su ocupación sería perfecta si no tuvieran que lidiar con los papás de sus alumnos, pues a menudo no sólo no apoyan su trabajo docente, sino que lo obstaculizan de múltiples maneras.

Rodolfo, el protagonista de nuestra segunda historia, también se desempeña en el ámbito educativo. Él, junto con otros dos de sus colegas, integra una terna de maestros de preparatoria candidatos a la dirección general de su escuela. Esta distinción lo llena de orgullo, pues siente que tantos años de labor académica finalmente están siendo reconocidos. No obstante, le preocupa que ser cabeza de la institución necesariamente lo enfrentaría a una disyuntiva difícil de resolver. Hoy más que nunca tanto él como sus colegas han tenido que tratar con problemas de adicciones en el alumnado, y no ven una salida fácil para poner fin a esta situación. ¿Expulsar a los estudiantes que hacen uso de sustancias ilegales? Eso equivaldría a negarles un apoyo. Pero, por otro lado, Rodolfo no es ciego a la influencia negativa que la presencia de tales chicos puede tener en otros de sus estudiantes. En el salón de maestros, los profesores a menudo comentan que es imposible remediar un problema que deriva de una sociedad enferma. Basta conocer un poco la situación familiar que viven estos alumnos para entender por qué han recurrido a las drogas como forma de evadir una realidad desesperanzadora. Muchos de ellos provienen de familias con un solo padre, y han crecido prácticamente solos. Desconocen los momentos cálidos y reconfortantes que otros chicos y chicas de su edad han podido disfrutar viviendo en familia. A menudo se presentan en la escuela sin haber probado alimento y sin saber cuándo gozarán de su próximo bocado. Otros jóvenes resultaron fuertemente heridos en su infancia mediante distintas clases de abuso físico, sexual, emocional, y han experimentado la angustia, la desesperación y el abandono que tales situaciones conllevan. Algunos ya ni siquiera sienten dolor. Se han vuelto cínicos y parecen actuar movidos por el deseo de causar el mayor daño posible. Poco les preocupan las consecuencias de sus actos ni cómo su conducta pueda afectar los sentimientos de los demás. Y, ¿cómo esperar que desarrollen actitudes compasivas hacia otros cuando en su vida no contaron con alguien que los contuviera y reconfortara cuando pasaban por momentos de dificultad?

Asimismo, Rodolfo se ha percatado de la creciente desmotivación hacia el estudio por parte de muchos chicos, actitud que a menudo se acompaña de problemas de irritabilidad, obstinación, indisposición para asumir responsabilidades, descuido de su apariencia personal, aislamiento, incapacidad de concentración y dificultad para enfrentarse a problemas menores, con un consiguiente bajo rendimiento y, en ocasiones, una eventual deserción escolar. Su cuidadosa observación y su experiencia acumulada a través de los años lo han llevado a sospechar que estos comportamientos –que suelen presentarse en conjunto– en realidad constituyen una constelación de síntomas que expresan un problema mayor.

Por último, conozcamos el caso de Rosalinda, quien es directora de una clínica de medicina familiar. Tras obtener su título en la facultad de medicina, se especializó en farmacología. Quienes la conocen bien señalan que es una profesional incansable, siempre deseosa de propiciar que su clínica alcance un excelente desempeño. Con este fin dedica buena parte de su tiempo a fortalecer las relaciones con sus colaboradores, para seguir de cerca sus actividades laborales, detectar sus necesidades, y contribuir a formar un clima agradable de trabajo. Como parte de sus funciones, se ocupa de supervisar las labores realizadas por los distintos médicos que integran su equipo. Esto le permite no sólo conocer las demandas de la comunidad en lo que a servicios de salud se refiere, sino que también le da la pauta para apreciar la pertinencia de las intervenciones por parte de su planta de médicos y proporcionar sugerencias alternativas, en caso de ser necesario. Gracias a la información que ha podido recabar, Rosalinda ha advertido la creciente demanda de servicios de salud mental en la población que acude a su centro. Si bien es cierto que los pacientes a menudo se presentan sin conocer el diagnóstico de su enfermedad, cuando menos están conscientes de sus síntomas. El ojo clínico de un médico bien entrenado en padecimientos mentales fácilmente detecta signos que, sumados a los síntomas descritos por el consultante, le permiten concluir que se hace necesaria la intervención del psiquiatra. Pero esto no es lo único que Rosalinda ha descubierto a partir de su cuidadoso trabajo.

Hace unos meses, y como parte de una investigación realizada a nivel nacional, todo su personal y ella misma debieron someterse a una encuesta que tuvo como fin conocer el estado de salud mental de quienes tienen contacto permanente con las necesidades y sufrimientos de otras personas. Los resultados fueron, por demás, reveladores, no sólo en su institución sino en muchas otras clínicas y hospitales del país. Una buena parte del personal encuestado manifestó algún tipo de trastorno afectivo, la mayoría como consecuencia del estrés. Esta situación, aunque un tanto desventajosa, no le resultó del todo sorprendente a Rosalinda, pues, en su afán de actualización constante, se ha formado también como psicoterapeuta, y conoce bastante bien el alma humana. ¿Cómo no padecer ansiedad y depresión cuando uno se enfrenta a la enfermedad, a la invalidez, al sufrimiento, a las carencias y a la impotencia para eliminar muchas de tales dolencias? Gran parte de los médicos se enfrentan a una realidad desalentadora: tienen un exceso de pacientes que atender en cada jornada laboral, a menudo con recursos insuficientes. Por otro lado, con frecuencia el clima emocional que impera en la institución no suele ser uno que facilite la realización de lo que puede considerarse "un buen trabajo".

Y como antes apuntamos, apelando a cierto dicho popular, "caras vemos, corazones no sabemos". Pero lo cierto es que las paredes de un consultorio médico guardan innumerables historias que tienen que ver con el sufrimiento humano, y que ameritan la intervención de todo un equipo interdisciplinario de especialistas, incluido el médico psiquiatra: disfunciones sexuales, conductas de autolesión, trastornos de la alimentación, diversas enfermedades físicas relacionadas con factores psicológicos, trastornos del sueño, y qué decir de otros problemas con mayor grado de severidad que toman la forma de psicosis esquizofrénica, bipolar, etcétera.

Nuestro propósito fundamental es poner de relieve todas estas realidades que ocurren en el ámbito social y familiar. Pretendemos proporcionar al lector común, un poco de información que le permita advertir la incipiente presencia de problemas que pueden ser tratados desde que sus primeras señales hacen aparición. Para quienes padecen de algunos de los trastornos descritos en la obra –o que tienen familiares que los presentan– buscamos orientarlos mediante un lenguaje sencillo acerca de tales padecimientos y sugerirles algunas formas de sobrellevarlos mejor, y, sobre todo, deseamos brindarles compañía y sentido de esperanza. Con respecto al público en general, nuestra intención es eliminar mitos acerca de la enfermedad mental y despertar actitudes compasivas hacia todos aquellos que padecen algún tipo de trastorno psiquiátrico.

El ser humano posee una tendencia natural al rechazo de quien se percibe diferente. Sin el debido cuidado, es fácil que, tras crear distancia de por medio, fácilmente caigamos en comportamientos de degradación. En buena medida esto ocurre porque solemos temer lo que no comprendemos. Este temor fácilmente se convierte en odio o violencia, pues suprime nuestra racionalidad, conduciéndonos a comportamientos deshumanizados. Aun cuando las estadísticas a veces mienten y no podemos estar absolutamente seguros de las cifras que proporcionan en cuanto a incidencia y prevalencia de enfermedad, es un hecho que todos somos vulnerables y susceptibles de enfermar, y eso de ninguna manera nos resta valor ni dignidad. No hay nada que justifique el maltrato al enfermo. La mayoría de las veces actuamos por ignorancia, condición que explica tantos de nuestros comportamientos destructivos. Abrámonos, pues, al conocimiento y brindemos a quien sufre apoyo y aceptación.

Estrés y salud mental

Cuando una persona decide formar una familia, su decisión para elegir pareja se hace, habitualmente, con base en unos cuantos datos. Lo común es reparar en características físicas que le resulten agradables y, posiblemente, algún talento particular que haga al prospecto especialmente atractivo, en la espera de que, tal vez, sus hijos lleguen a mostrar algunos de estos rasgos, mediante transmisión genética.

Hay características heredadas que son notorias desde un principio, como, por ejemplo, el color de la piel y de los ojos (aunque es sabido que éstos también cambian con el paso de los días). Incluso, en ocasiones, se hace posible distinguir el temperamento, pues hay niños que desde el vientre materno son particularmente inquietos, mientras que otros son tranquilos.

Sin embargo, no todo se explica a través de la herencia. Hay factores que se adquieren aun en el seno materno. Y, a pesar del amplio consenso sobre el papel que juegan los genes en la determinación del temperamento individual, no todos los investigadores comparten esta creencia. Para muchos, sobre todo para quienes dan importancia fundamental al desarrollo, el temperamento –como modo de respuesta emocional a los estímulos– es un factor que emerge en el primer año de vida, y se manifiesta, entre otros aspectos, en nuestra respuesta al estrés.

Hay madres especialmente ansiosas, con hijos ansiosos. Pero también es cierto que hay niños ansiosos que, puestos al cuidado de adultos apacibles, modifican su comportamiento. Entonces, ¿qué pesa más, la herencia o el aprendizaje? Esto varía de acuerdo con las circunstancias y según el tipo de característica o padecimiento del que se trate.

Con respecto al tema del estrés, existen diferentes estilos individuales de enfrentarlo, unos más saludables que otros. Independientemente de la estrategia que se elija, las emociones –básicamente la ansiedad– se verán implicadas. Es una fortuna que, hoy en día, los científicos hayan encontrado formas confiables de medir las emociones, pues esto nos permite comprenderlas mejor. ¿Alguna vez te has preguntado por qué hay personas que pierden su equilibrio emocional ante dificultades pequeñas, mientras que otras parecen soportar situaciones severas con relativa serenidad? La explicación se encuentra en el sistema individual de respuesta al estrés, el cual se constituye durante el embarazo y en los primeros meses de vida, aunque éste no es un asunto que suela tomarse en consideración al planear una familia.

La respuesta del estrés compete a una parte del cerebro que algunos especialistas han acordado en llamar "el cerebro social", área que se ocupa de manejar los sentimientos en relación con otras personas y que da lugar al particular estilo emocional de un individuo y a sus recursos emocionales en general.

Cuando un bebé está todavía dentro del útero materno y después, a lo largo de los primeros dos o tres años de su vida, está siendo programado social y culturalmente. A través del contacto físico y afectivo que se va estableciendo, la criatura configura en forma paulatina los distintos sistemas que afectarán su vida emocional futura.

Al momento de nacer, el cerebro de un chiquitín no está todavía terminado. Su desarrollo se completará una vez que haya nacido. Este hecho permite que el pequeño sea moldeado conforme las costumbres y valores de su grupo social. De esta manera su cultura de origen le podrá ser transmitida más efectivamente, facilitando su adaptación a los requerimientos sociales.

La función primordial del cerebro es asegurar la sobrevivencia del individuo, y los desafíos a los que una persona tiene que enfrentarse varían de un grupo a otro. Cuando un niño nace en un medio violento, requiere de un cerebro particularmente alerta, pues su vida peligra. En cambio, si el ambiente que lo rodea es apacible, puede relajarse y su cerebro asume una distinta forma de operación. Esto no significa, sin embargo, que todos los miembros de un grupo cultural dado sean iguales, pues también existen las diferencias individuales.

Desde que son pequeños es posible advertir diferencias de temperamento, incluso entre hermanos. Ya a los tres meses de edad e incluso antes, manifiestan mayores o menores niveles de actividad, distracción, adaptabilidad, sensibilidad, buen o mal humor, etcétera. A partir de dichas características, cada niño se relaciona con su entorno y representa más o menos dificultades de manejo para sus padres o cuidadores.

Se estima que aproximadamente 15% de niños menores de seis años tienen temperamentos difíciles que complican su crianza. Muy probablemente sus padres o los adultos responsables de su cuidado requerirán de orientación muy atinada para manejar adecuadamente el sinnúmero de contratiempos que surgirán en consecuencia, pues la falta de habilidad para interactuar con estos pequeños puede dar lugar a complicaciones que a futuro tomen la forma de comportamiento oposicionista, el cual constituye un claro desorden que debe ser atendido psiquiátricamente.

De hecho, el ritmo individual de funcionamiento que cada niño exhibe opera mediante mensajes químicos y eléctricos. Durante los primeros meses de vida, el organismo se ocupa en establecer lo que será su intervalo normal de activación. Esto puede entenderse mejor si lo comparamos con un termostato. Imagina que hemos programado un calentador para que se encienda cada vez que la temperatura de la habitación baje más de veinte grados centígrados. Aun sin necesidad de nuestra actividad consciente, el termostato que ha sido previamente fijado realizará su trabajo, y cuando detecte temperaturas inferiores a lo estipulado, automáticamente pondrá en marcha el calentador. Algo semejante ocurre con los sistemas nervioso, inmunológico y de respuesta al estrés, cuyos niveles de activación quedan fijados en los primeros meses de vida. Este último sistema —el de respuesta al estrés— se establece a los seis meses. A través de la niñez, especialmente hasta los siete años, otras importantes rutas continúan estableciéndose, y más adelante, durante la adolescencia temprana, hay otro momento intenso de reorganización hacia los 15 años, aunque falta todavía una década más para que terminen de constituirse importantes vías de conexión que se relacionan con el manejo y el control de impulsos, las cuales se localizan en la parte frontal del cerebro, área que se denomina lóbulo prefrontal.

Dado que un bebé carece de lenguaje o de memoria consciente, la comunicación que entabla con su madre (o su cuidador) se realiza a través del cuerpo. Las sensaciones placenteras o desagradables que va experimentando son conducidas por oleadas de hormonas y otras sustancias químicas que circulan por sus sistemas nervioso y circulatorio. La relación que va viviendo con su madre le permite ir estableciendo un punto de equilibrio que sus distintos sistemas intentarán mantener. Si hay fluctuación con respecto al nivel que su organismo considera "normal", los sistemas se activan para recuperar dicho estado.

El ánimo de la madre –consecuencia también de su química interna– necesariamente influye en su bebé. Una madre deprimida, por ejemplo, suele ofrecer pocos estímulos a su pequeño, además de tender al pesimismo. ¿Qué ocurre con los sistemas del bebé en una situación así? Se ajustan a la baja estimulación materna y se acostumbran a la falta de sentimientos positivos. Por otro lado, los hijos de madres agitadas pueden permanecer sobre activados y adquirir la sensación de que las emociones son explosivas e incontrolables, aunque también es factible que, a fin de no sentirse abrumados, traten de apagar sus sentimientos.

Cada bebé enfrenta distintas circunstancias. A partir de la frecuente aparición de determinados estímulos, su cerebro va almacenando distintas imágenes, por ejemplo, el rostro sonriente u hostil de su madre. En forma gradual, el pequeño confiere significado a lo que se presenta repetidamente y aprende a anticipar si su madre –que se acerca– le brindará placer o dolor. A partir de tales vivencias, irá desarrollando comportamientos de aceptación y acercamiento o de rechazo y alejamiento de la gente.

Una cuestión importante de considerar es el hecho de que la parte racional del cerebro no trabaja sola, sino al mismo tiempo que las partes básicas reguladoras y emocionales. Unas y otras están en constante retroalimentación. Debido a ello, las experiencias placenteras o dolorosas del pequeño también afectarán su desempeño cognitivo. Distintos estudios han puesto de relieve que, en comparación con otros niños de su edad, los chiquitos de dos o tres años que son hijos de madres deprimidas obtienen calificaciones más bajas en distintas tareas cognitivas, a la vez que manifiestan inseguridad. Por su parte, los hijos de padres ásperos y crueles tendrán deficiencias de autocontrol y a menudo presentarán trastornos de conducta.

En resumen, durante los primeros meses de vida y desde un punto de vista meramente fisiológico, el bebé humano sigue siendo parte del cuerpo de su madre. De ella depende para ser alimentado, regular su ritmo cardiaco y su presión sanguínea y recibir protección inmunológica, incluso obtener alivio del estrés. Y dado que el nene no puede comunicar su incomodidad en forma verbal, requiere de un cuidador que sea capaz de detectar su malestar y esté dispuesto a hacer algo para ayudarle a eliminarlo.

Cuando las respuestas maternas son acertadas, es decir que se adaptan a las necesidades del pequeño, le ayudan a regular sus afectos. Ser capaz de establecer un buen contacto con su hijo –mediante su rostro amable, su tono de voz agradable y su calidez– le permite tranquilizarlo. Y si tales respuestas cumplen su objetivo con prontitud y frecuencia, van permitiendo que el bebé desarrolle sentido de seguridad y confianza. El niño va aprendiendo a advertir sus propias sensaciones y emociones, y a confiar en que a su alrededor encontrará personas dispuestas a procurar su bienestar y listas para ayudarle a procesar y a regular sus afectos.

En muchos sentidos la labor de los padres es comparable a la de un espejo virtual, frente al cual el bebé aprende a verse a sí mismo. Si procuran reflejar el estado anímico del niño utilizando sonidos, gestos y tonos de voz semejantes a los de su hijo –incluso si emplean palabras en un intento de verbalizar lo que suponen que siente, enfatizando y exagerando algunos vocablos y nombrando los sentimientos–, los progenitores facilitan que su pequeño identifique sus emociones y, posteriormente, las clasifique. Pero no todos los adultos son capaces de realizar adecuadamente dicha función. Si se sienten incómodos con sus propios sentimientos, no podrán ofrecer un buen espejo a su hijo ni podrán tolerar algunos de los sentimientos que exprese su chiquitín. De esta manera, las propias carencias afectivas del cuidador repercuten en el desarrollo emocional del bebé.

Así, hay bebés que aprenden a retener sus sentimientos, como si protegieran a sus madres. Llegan entonces a negar sus afectos o a no expresarlos, en un intento de evitar que ellas se sientan mal o se enojen. El problema es que en la superficie pueden parecer calmados y despreocupados, pero sus hormonas del estrés se elevan a tal grado, que toda su fisiología se ve afectada. Otro tipo de niños, con padres más cambiantes (inconsistentes), aprenden a estar continuamente vigilantes, como si intentaran descubrir el estado mental de sus progenitores, manteniéndose pendientes de cualquier señal negativa en su rostro, en sus gestos, ademanes, tono de voz, etcétera, que les proporcionen un indicio para saber cómo actuar a cada momento. Lo común es que dejen de esperar ayuda adulta para regular sus sentimientos y que aprendan a exagerarlos para obtener su atención.

Sin embargo, hay otro camino posible: que los niños se vuelven tan conscientes de sus propios temores y carencias, que socaven su independencia. No es raro que sea esto justamente lo que los padres desean, aunque no sean conscientes de ello. Esto ocurre, por ejemplo, en situaciones en que los adultos tratan de manejar su propia inseguridad siendo necesitados. Al ser impredecibles, aseguran que el niño esté siempre atento a ellos. También puede suceder que los padres estén tan preocupados por su falta de regulación afectiva, que sean incapaces de advertir los sentimientos ajenos.

Otro grupo de bebés tienen padres que, en su infancia, fueron víctimas de abuso. Si no han procesado adecuadamente sus sentimientos, no podrán proteger adecuadamente a sus niños ni crear una base segura a partir de la cual sus pequeños puedan explorar el mundo. Sus criaturas crecerán temerosas e inseguras y con facilidad sucumbirán emocionalmente cuando estén bajo presión.

Los rasgos emocionales descritos hasta el momento pueden ser medidos incluso al año de edad y –como seguramente ya habrás imaginado– darán lugar a distintas formas de ser, unas más sanas y equilibradas que otras. De acuerdo con Alan Schore, miembro del Departamento de Psiquiatría y Ciencias del Comportamiento de la Universidad de California, en Los Ángeles, estos primeros años son determinantes para una posterior salud o enfermedad mental. Si proporcionamos estos datos, no es con un afán desesperanzador, al contrario, nuestra intención es poner de relieve que todos los días tenemos la oportunidad de elegir hacia dónde dirigir nuestros esfuerzos: contribuir a construir fortaleza interior propia y ajena o a dañarnos, debilitarnos y vulnerar cada vez más la estima y la confianza de uno mismo o de los demás.

Es verdad que hay factores biológicos que escapan de nuestro control, pero también es cierto que muchas de nuestras acciones influyen en el aumento o disminución de la salud mental de nuestros niños y jóvenes. ¿Qué calidad de personas deseamos formar? Y ¿qué modificaciones individuales podemos realizar para facilitar que dicho proceso ocurra?

Biología y comportamiento

En este capítulo repasaremos algunas de las ideas planteadas y agregaremos información adicional, a fin profundizar un poco más en cuanto al modo específico en que el contacto entre padres e hijos influye en la química cerebral y cómo ésta, a su vez, afecta el desarrollo del sistema nervioso infantil. Para ello necesariamente deberemos abordar ciertos conceptos básicos que, aun cuando ya empleamos en explicaciones previas, ahora analizaremos con mayor detenimiento. Para ello nos apoyaremos, nuevamente, en ciertas metáforas.

Cuando una orquesta hace una interpretación musical, los instrumentos que la componen deben intervenir en el momento indicado. De nada sirve que cada músico conozca a fondo su partitura si no es capaz de funcionar en equipo, siguiendo las indicaciones del director para sincronizarse con los demás. Cada uno de los miembros de la orquesta está interrelacionado con sus compañeros y con su director. A modo de comparación, podemos decir que nuestro cerebro es el director de orquesta de nuestro organismo. Él dirige el funcionamiento de cada uno de los sistemas que nos constituyen, cuando alguno de estos sistemas falla, afecta a los demás. Así, el sistema nervioso, el sistema endocrino y el sistema inmunológico están recíprocamente relacionados. Cada uno debe realizar su función en su justa medida. Problemas en alguno de ellos afecta a los demás y viceversa. Es preciso que cada sistema opere adecuadamente para que nuestro organismo –como totalidad– logre y conserve su armonía.

Un óvulo fecundado da origen a una nueva célula que contiene información genética del padre y de la madre. Esta información no es otra cosa que cadenas de sustancias químicas dentro de las cuales están contenidas todas las instrucciones que el proceso debe seguir para conformar a una nueva criatura. Aunque se dice fácil, la sucesión de eventos no ocurre con sencillez, y numerosas irregularidades pueden ocurrir en el transcurso del desarrollo. Por ejemplo, es factible que no se den ciertos acontecimientos específicos que deben presentarse en momentos precisos y que, en última instancia determinarán, por ejemplo, que un niño al nacer tenga alguna malformación, lo cual, por fortuna, es poco frecuente. Asimismo, en virtud de la programación genética, un bebé puede heredar enfermedades o recibir en herencia cierta propensión –o vulnerabilidad– a contraer determinadas dolencias. Aunque también es posible que factores externos durante el embarazo, como una desnutrición de la madre, una enfermedad contraída por ella, efectos tóxicos inducidos por algún medicamento o por sustancias tóxicas, etcétera, den paso a otro tipo de problemas. Hay anomalías que son evidentes desde el nacimiento. Otras sólo se manifestarán más adelante, conforme el niño crezca e interactúe con su medio.

Como resultado de la evolución, el cerebro humano está constituido por tres grandes capas. La primera constituye el tronco o tallo cerebral también denominado cerebro reptiliano. Sobre esta estructura se desarrolló posteriormente un cerebro emocional (el sistema límbico), que es propio de los mamíferos. Finalmente surgió la neocorteza (o corteza cerebral), que se ocupa de las funciones mentales superiores. Ésta se considera fundamentalmente humana, más que otro aspecto, debido a los procesos que permite realizar su parte frontal.

Al momento de nacer, las estructuras cerebrales más activas en un bebé son el tallo cerebral y la corteza sensoriomotora, áreas que se ocupan prioritariamente de la regulación interna de los sistemas corporales y de la sobrevivencia. Pronto el pequeño comienza a adaptarse a las condiciones exteriores y va guiando sus acciones manejado en gran medida por sus sensaciones –placenteras o displacenteras–. Así es como va optando por acercarse o alejarse de las cosas.

Con respecto al cerebro emocional, no es de extrañar que unas de las primeras partes en madurar sean un par de estructuras –la amígdala derecha y la izquierda–, las cuales se ocupan de reaccionar instantáneamente ante situaciones de peligro. Joseph Le Doux, quien en su medio se ha ganado el calificativo de experto en la amígdala, comenta que lo primordial es garantizar la vida, y que esto a menudo precisa de acciones rápidas e instantáneas, todas ellas decretadas por la amígdala. El móvil principal de esta estructura es el miedo. Cuando percibe alguna amenaza, reacciona en forma automática, y una vez que ha aprendido ciertas formas de respuesta, tiende a repetirlas. De la amígdala se dice que en ella están almacenados recuerdos inconscientes, a diferencia del hipocampo, donde radica la memoria consciente. El hipocampo forma también parte del cerebro emocional, y madura más tardíamente que la amígdala, pues depende de la adquisición del lenguaje.

La memoria inconsciente de la amígdala funciona como guía de acciones futuras, hecho que representa tanto ventajas como desventajas. Resulta útil, por ejemplo, porque nos permite repetir acciones que en el pasado probaron su efectividad. De esta manera, determinadas experiencias que en otros tiempos nos generaron temor, son grabadas en la amígdala como recuerdos que nos sirven de alerta en el futuro. La desventaja es que tales respuestas son inflexibles y a menudo se repiten aunque ya no resultan adaptativas. Así es como los recuerdos inconscientes grabados en la amígdala favorecen o dificultan la adaptación al entorno. Otra estructura que se localiza en el cerebro emocional es el hipotálamo, sobre el cual volveremos más adelante.

Por lo que respecta a la neocorteza, en ella podemos distinguir la corteza prefrontal y el cíngulo, áreas que conforman lo que algunos consideran "la parte pensante del cerebro emocional", pues son áreas superiores capaces de "meter en regla" a otras más primitivas como, por ejemplo, la amígdala. Aquéllas se ocupan de procesar la experiencia emocional y de evaluar distintos cursos de acción. Pero hablemos ahora de una estructura más: la corteza orbitofrontal. Ésta forma parte de la corteza prefrontal y se localiza justo detrás de los ojos, cerca de la amígdala y del cíngulo (vea esquema 1).

La corteza orbitofrontal hace posible que el comportamiento de una persona se ajuste a las normas de la sociedad en que vive, de ahí que se le llame "cerebro social". Si esta área se daña, el individuo será insensible a las señales sociales y emocionales de los demás, carecerá de empatía y manifestará falta de control en sus respuestas emocionales. Determinadas sustancias químicas que circulan por esta área son las responsables de que una persona conserve su optimismo, su motivación y su esfuerzo, sea capaz de retrasar la gratifica-

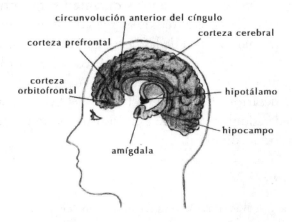

Esquema 1. Tomado de Gerhardt, 2004.

ción y esté dispuesta a detenerse a pensar sobre las actitudes y comportamientos que resultan más pertinentes para el logro de sus metas.

Las emociones sociales intensas –como el pánico y la ira– se generan en la amígdala y en el hipotálamo, estructuras que, por pertenecer al sistema límbico, son evolutivamente más primitivas que la corteza orbitofrontal. A diferencia de las anteriores, esta última área –es decir, la corteza orbitofrontal– se constituye casi completamente después del nacimiento y continúa su desarrollo hasta los dos o tres años. De ella depende gran parte del comportamiento que denominamos "humano", pues es la base de la fuerza de voluntad, del autocontrol y de la capacidad de empatía.

En la actualidad, gracias a la evolución de las neurociencias, Alan Schore –de quien hablamos en el capítulo precedente– y otros especialistas que estudian la biología del comportamiento sostienen que el buen desarrollo de la corteza orbitofrontal del bebé depende del contacto que ocurre entre él mismo y sus cuidadores durante los tres primeros años de vida. El placer obtenido a través de sus relaciones –el cual es medible en razón de las hormonas (betaendorfinas) y otras sustancias químicas (dopamina) secretadas por los sistemas endocrino y nervioso, respectivamente– contribuye a que se desarrolle la corteza prefrontal del bebe y, con ello, que pueda adquirir capacidad de autorregulación y de interacción social compleja[2].

---

[2] Mientras más avanza la ciencia en el conocimiento de la química cerebral, más evidente resulta que nuestro comportamiento está directamente influenciado por sustancias tales como los neurotransmisores y las hormonas. Así, por ejemplo, Gerhardt explica que niveles bajos de norepinefrina (también llamada noradrenalina) hacen difícil concentrarse o mantener el esfuerzo. Esta sustancia habitualmente se encuentra disminuida en las personas deprimidas y afecta negativamente su habilidad individual para adaptarse, dificultad que manifiestan a través de la tendencia a repetir determinados comportamientos a pesar de que resulten dañinos o contraproducentes. Gerhardt menciona también que bajos niveles de serotonina están fuertemente asociados con el comportamiento agresivo, probablemente porque afectan la corteza prefrontal (donde hay una alta densidad de receptores de serotonina) y su correspondiente habilidad para controlar la hostilidad y el enojo. Aun cuando algunas personas tienen ciertas deficiencias genéticas que les dificultan sintetizar la serotonina, no es ésta la única razón por la cual puede haber deficiencia en esta sustancia, pues también se ve afectada por las experiencias y la dieta. Como ya explicamos, el cerebro completa su desarrollo después del nacimiento, gracias a la secreción de sustancias químicas. Éstas no sólo contribuyen a la creación de redes neuronales, sino también al aumento de tamaño de las estructuras cerebrales. En particular, la corteza prefrontal (también denominada cerebro social) está fuertemente implicada en la depresión. Se ha constatado que las personas con depresión tienen cortezas prefrontales más pequeñas y menos activas, particularmente en el lado izquierdo. Estas condiciones hacen que les resulte más difícil juzgar situaciones y controlar sus reacciones con efectividad.

Para explicar este proceso, resulta muy útil imaginar el cuidado, que en forma de riego precisa un pequeño jardín para desarrollarse adecuadamente. La falta de agua provoca que se seque y, finalmente, que muera; pero también el exceso conduce a su extinción. La labor de regado debe cumplir con ciertos requisitos. Ni tanto que se ahogue, ni tan poco que se seque. En el caso del cerebro, para que se formen las estructuras y redes neuronales adecuadas, el organismo requiere de ciertas dosis óptimas de sustancias químicas. De esta manera, el rostro complaciente de su madre permite que el pequeño construya una imagen interna de lo que ve y siente a partir de dicha expresión. El impacto es favorable para el cerebro del bebé pues en respuesta a tal estímulo, su sistema nervioso secreta sustancias químicas que, fundamentalmente en la región orbitofrontal del cerebro, estimulan el crecimiento de las células cerebrales y el establecimiento de redes entre ellas. Pero un exceso, por ejemplo, de hormona cortisol, dañará al sistema, y dado que el funcionamiento de las distintas estructuras repercute en las demás, el aumento exacerbado de cortisol contribuirá a la aparición de una serie de problemas de aprendizaje, control emocional, mal funcionamiento del sistema inmunológico, etcétera.

¿Y qué decir de aquellos casos en que el estímulo que el bebé recibe proviene de un rostro temeroso, enojado o poco amigable? Las expresiones de rechazo, miedo y enojo son registrados por la amígdala y dan lugar a respuestas automáticas de alarma. Si bien es cierto que la interacción social positiva entre el niño y su madre permite que se desarrollen aquellas áreas cerebrales capaces de regular a la amígdala, también es un hecho que los rostros negativos pueden disparar la producción de hormonas del estrés como el cortisol, obstaculizando el funcionamiento de la endorfina y la dopamina. De esta manera, la ausencia crónica de estímulos positivos contra el exceso de experiencias sociales desagradables repercute en el cerebro social del bebé, quien se volverá extremadamente susceptible a la ansiedad. El proceso ocurre así: el niño recibe miradas de desaprobación, que le provocan vergüenza. En cuanto a su fisiología, el sistema nervioso del bebé se activa, alterando su presión sanguínea y su respiración. Si los padres no le ayudan a restaurar su equilibrio calmándolo de alguna manera, el pequeño puede permanecer indefinidamente en dicho estado de alerta constante.

Seguramente conoces las sensaciones físicas, emocionales y mentales que acompañan al estrés. Tu corazón se acelera, tu respiración se torna superficial, sientes irritación, desesperación e impotencia, te descubres incapaz para relajarte, para enfocar tu atención y para tomar decisiones acertadas, y si esto continúa, puedes enfermarte. ¿Qué sueles hacer en dichas circunstancias? A estas alturas de tu vida, ya has desarrollado ciertos hábitos –algunos adecuados, aunque otros quizá no tanto– para enfrentar el estrés. Pero una criatura depende de sus padres para aprender a regular las sensaciones desagradables que experimenta. Sin su ayuda, queda a merced de emociones abrumadoras que dan paso a respuestas defensivas no siempre adecuadas para su sano desarrollo. Tal sería el caso de niños con cortisol alto, los cuales no saben lidiar con los sentimientos negativos de otras personas. En la etapa escolar, sus maestros los califican poco competentes en el terreno de las relaciones sociales. Su modo de enfrentar las situaciones difíciles -que entrañan sentimientos negativos– es alejarse o agredir.

Sin embargo sería un error pensar que el cortisol resulta siempre dañino. De hecho, un pequeño necesita ciertas dosis de dicha sustancia para desarrollar autocontrol. Sin este freno natural ¿qué evitaría que el niño dejara de hacer algo inaceptable o peligroso? Por otro lado, el sistema nervioso de un niño que ha sido víctima de abuso (físico o emocional) o de falta de atención —y que por lo mismo ha sido abrumado por un exceso de cortisol— puede desarrollar mecanismos para evitar la influencia química de dicha sustancia. El efecto emocional de tal medida será la insensibilidad afectiva, que puede manifestarse en conductas antisociales. Asimismo, niños con bajo cortisol pueden ser proclives a problemas psicosomáticos tales como fatiga crónica, asma, alergias, artritis, falta de sentimientos positivos y falta de expresión emocional.

Las conexiones neuronales en la corteza prefrontal ocurren masivamente entre los seis y los doce meses de edad. En particular la parte orbitofrontal —que constituye la primera parte del equipo social— empieza a madurar hacia los diez meses, y no funcionará completamente antes del año y medio, época en la cual el pequeño, ahora capaz de desplazarse por sí mismo, inicia su independencia.

Distintas condiciones, incluida la depresión, pueden dar lugar a una corteza prefrontal débilmente desarrollada. Esta deficiencia afectará negativamente el rendimiento de dicha estructura cerebral, con lo cual se verá disminuida la capacidad de autocontrol, de alivio emocional y de sentimiento de conexión con otras personas. Esto explica que un niño actúe sus impulsos y arrebate de otros lo que desea, sin atender a los sentimientos ajenos.

Una madre que no recibe apoyo por parte de su pareja o de su familia habitualmente estará deprimida, enojada y estresada. En tales circunstancias estará incapacitada para ser empática con su bebé y no podrá brindarle la contención emocional que necesita. Más adelante, cuando este bebé haya crecido, difícilmente mostrará empatía por los demás, pues antes, nadie mostró interés alguno por sus sentimientos y necesidades. Por otro lado, como tampoco hubo quien le enseñara a regular su estrés, comenzará su vida con desventaja, pues nuestra salud mental se basa en el modo personal de enfrentar la ansiedad producida por distintas condiciones estresantes.

Es posible predecir problemas futuros desde edades tan tempranas como los diez meses de edad e incluso antes, no tanto por el temperamento del bebé sino por el modo como su madre se acopla –o no– a él. Mamás adolescentes, deprimidas, adictas, solteras, particularmente aquellas con historias de abuso familiar, rara vez refuerzan a sus pequeños alabando su buen comportamiento; tampoco les ayudan a construir el autocontrol del que ellas mismas carecen. Estos niños a menudo tienen altos niveles de cortisol.

Los niveles elevados de hormona cortisol en el organismo en una edad temprana –los cuales son factibles de medición incluso en la saliva– pueden conducir a que en el futuro la persona sea altamente reactiva a la más mínima provocación. Sus respuestas pueden tomar la forma de trastornos emocionales y problemas de conducta. Pero si un niño ha tenido la suerte de contar con unos padres que responden adecuadamente a su malestar y que le ayudan a regular sus emociones, secretará menos cortisol incluso cuando experimente algún contratiempo. Sue Gerhardt, discípula de Allan Schore, menciona que lamentablemente es común encontrar que 35% de niños en una variedad de culturas han carecido de padres suficientemente capaces de brindarles el apoyo necesario para que crezcan con sentimientos básicos de confianza y seguridad. El resultado es una incapacidad aprendida para manejar adecuadamente sus emociones y, por ende, una falta de habilidad para responder efectivamente a los desafíos de la vida, pues nuestro comportamiento siempre lleva implícitas las emociones.

Como señalamos, aprender a regular las propias emociones se hace posible en la medida en que un pequeño, todavía incapaz de llevar a cabo tal proceso por sí mismo, ha recibido ayuda externa por parte de adultos que le han brindado cuidado y contención emocional. Gracias a su apoyo, experimenta y aprende que las personas pueden disgustarse y alejarse, pero que también pueden perdonarse y acercarse. Distintas vivencias que ocurren en la infancia temprana y hasta el año de edad le permiten establecer un "sistema reparador", en virtud del cual el pequeño descubre que a pesar del inevitable conflicto entre las personas, las relaciones son susceptibles de restauración. Este conocimiento es el fundamento de su seguridad emocional y de su autoconfianza.

En la actualidad, los sofisticados equipos de PET (tomografía por emisión de positrones) han permitido a los especialistas apreciar el funcionamiento del cerebro al momento de experimentar distintas emociones. Gracias a estos aparatos, se han conducido distintas investigaciones, entre otras, algunas con personas traumatizadas. Así, mediante el escaneo de su actividad cerebral al momento de recordar eventos traumáticos, han podido descubrir que, en estos individuos, el flujo sanguíneo disminuye en el hemisferio frontal izquierdo y en el área implicada en la organización verbal (área de Broca), mientras que aumenta en el sistema límbico derecho y en la corteza visual, donde se activan las emociones.

Al encenderse el área emocional y apagarse el área verbal, necesariamente ocurren ciertos fenómenos en el individuo, los cuales hacen posible, por ejemplo, explicar el fenómeno de "quedarse sin palabras" al ser abrumado por algo aterrador. Si la persona pierde la capacidad de verbalizar la experiencia, tampoco puede almacenar sus emociones en la memoria consciente (hipocampo) y sus recuerdos traumáticos continúan haciéndose presentes una y otra vez, como si se estuvieran repitiendo continuamente. Este hecho hace posible entender el porqué de la intromisión continua de memorias dolorosas fragmentadas en la mente de quienes vivieron dichas experiencias. Lo que ocurre fisiológicamente es que el cortisol, secretado durante las vivencias de estrés, daña el hipocampo, a la vez que deteriora las conexiones entre la corteza orbitofrontal, el cíngulo anterior y la amígdala a través del hipotálamo.

El perjuicio es mayor en el infante y hasta los tres años. En el caso de los niños que han sufrido algún tipo de abuso, su capacidad de regular la emoción en el hemisferio cerebral derecho puede estar adormecida, porque sus receptores de dopamina son menos sensibles. Esto provoca que fácilmente se vean inundados por emociones intensas como el enojo y que, en consecuencia, deseen "acabar con" las personas que los frustran. Más adelante recurrirán al alcohol o a los somníferos para tranquilizarse, o huyen de la realidad y se apartan de sus sentimientos manteniendo la vista perdida durante horas. Además de no utilizar el pensamiento para guiar su acción, voluntariamente lo evitan, porque éste necesariamente los confrontaría con sus experiencias de rechazo paterno.

Al carecer de estrategias adecuadas para llevar a cabo la autorregulación emocional, estos niños crecerán intentando manejar sus sentimientos a través de la acción directa. En el futuro manifestarán problemas para el control de impulsos y, en su juventud, tenderán a conducir a toda velocidad en un intento de aliviar la tensión, o azotarán puertas cuando se enojen en una conversación. Algunos casos más severos, pueden dar lugar a distintas conductas impulsivas como adicciones, intentos suicidas u otros comportamientos autodestructivos. Pero no vayamos tan lejos. Consideremos primero cómo actuarán estos niños en la etapa escolar.

El entorno escolar

Si eres maestro o maestra de escuela, seguramente has encontrado que ciertos alumnos exhiben algunos de los comportamientos que describiremos en este capítulo. En el caso que no te dediques a la enseñanza de niños o jóvenes, de cualquier manera te será fácil imaginar lo que podrías encontrar si observaras a grupos de escolares en acción, ya sea en el salón de clases, en los pasillos de la escuela o en el patio del recreo. ¿Concibes la magnífica labor preventiva que podemos realizar si logramos detectar señales sutiles de desequilibrio en etapas tempranas? Uno de cada cinco estudiantes se enfrentará tarde o temprano a algún desorden mental diagnosticable. De ahí la importancia no sólo de la detección oportuna de posibles problemas, sino del entrenamiento en habilidades que fortalezcan emocionalmente a nuestros estudiantes, práctica completamente realizable en el ámbito escolar.

Es verdad que algunos trastornos mentales son más severos que otros. Seguramente por eso solemos desatender a los que constituyen el segundo grupo. Por otro lado, habría que ver lo que significa el término "severidad", pues hay estu-

diantes que manifiestan comportamientos altamente disruptivos que, por su naturaleza, difícilmente pueden ser ignora-
dos, mientras que otros alumnos padecen trastornos que no
causan mayores problemas en clase, pero en cambio pueden
convertirlos en víctimas de abuso por parte de los compañeros. Desde esta perspectiva habría que plantear que unos
trastornos son más o menos notorios que otros, y más o menos molestos para los demás, pero sólo quien los padece puede conocer la tensión o el dolor que le representan.

Aun cuando ciertos trastornos ya se encuentran presentes
en los niños preescolares, a menudo no es sino hasta que los
pequeños ingresan a la escuela, cuando dichos desórdenes
son detectados. Esto ocurre por varias razones, por ejemplo,
porque una vez que el niño entra al colegio, debe tener cierta
capacidad de autocontrol para poder ajustar su comportamiento al grupo y para seguir distintas instrucciones que da
el maestro. El docente es la persona idónea para detectar irregularidades en el comportamiento de sus alumnos, pues al
estar en contacto con otros niños de la misma edad, puede establecer comparaciones y advertir anomalías dignas de seguimiento y tratamiento.

A nadie le agrada que le informen que su hijo manifiesta
problemas. Esto tiene mucho que ver con nuestro orgullo
personal: hiere nuestro narcisismo y afecta nuestra autoestima. Por ello, muchos papás cuando son llamados a la escuela
en razón de algún problema que su hijo presenta, tienden a
negar o a minimizar el problema; o bien, intentan transferir
la responsabilidad a los maestros, argumentando que si la
escuela no es capaz de educar a sus hijos, esto es muestra de
su incompetencia.

Culpar a otros no remedia el problema, aunque tal comportamiento suele aparecer como respuesta a situaciones que

nos resultan altamente amenazantes. Por otro lado, no se trata de adjudicar culpas, sino de actuar lo antes posible para ayudar al chico a tener un desarrollo adecuado con un grado suficiente de bienestar emocional. De modo que negar las cosas o culpar a otros no favorece a nadie, pues un chico con problemas no la pasa bien. Imagínate lo que puede sentir un niño que se ve y se siente diferente (y muchas veces inferior) a los demás, y que la mayoría de las veces se convierte en foco de la hostilidad ajena.

Como apuntamos, tenemos una tendencia altamente destructiva que consiste en ensañarnos con el más débil, con el diferente. Lo común es temer lo que no entendemos, lo desconocido nos asusta. Por ello cuando conocemos personas que consideramos que se ven o que actúan de modo extraño, nuestra respuesta inicial es mantener distancia. En momentos nos sentimos superiores, más inteligentes o más competentes que ellos, y los deshumanizamos o degradamos. Los convertimos en "chivos expiatorios" en los cuales proyectamos nuestras propias deficiencias.

Aceptar que existe en nosotros dicha tendencia no implica que no podamos transformarla. Si bien podemos decir que estos comportamientos son "naturales", es una realidad también, que son reforzados en casa y en los distintos grupos sociales en los que habitualmente nos desenvolvemos. Los adultos jugamos un papel definitivo en la extinción de este tipo de conductas infantiles, y educar en la empatía es la base para lograrlo.

Dentro del espacio escolar fácilmente encontramos niños que manifiestan los síntomas siguientes: problemas de atención; incapacidad para el aprendizaje; trastornos de lenguaje; aislamiento, tics nerviosos y otros comportamientos en respuesta a la ansiedad; problemas de conducta expresados en impulsividad, oposición o beligerancia, etcétera.

¿Cómo supones que se siente un niño que padece de cualquiera de los desórdenes anteriores y que invita al señalamiento o al rechazo de los demás? Como lo expresamos, una salida fácil por parte de los padres es negar la realidad. Ésta es una maniobra equivocada, como si creyéramos que no prestando atención al problema éste fuera a desaparecer. La realidad es que en algunas ocasiones, en efecto el problema no pasa a mayores y se desvanece. Esto ocurre dependiendo del tipo de problema y mucho en función de que los chicos cuenten con un fuerte respaldo en casa y que su familia constituya para ellos una poderosa fuente de seguridad. No obstante, ciertos problemas que se detectan requieren de atención profesional expresa, y cada año que transcurre antes de que se les aborde y se les trate adecuadamente, va minando la confianza del niño en sí mismo y en sus capacidades.

Ningún padre en su sano juicio diría que quiere hijos delincuentes o propensos a las adicciones. Sin embargo, estudios a largo plazo indican claramente que los chicos que acceden a este tipo de comportamientos tienen historias de trastornos psicológicos que no han sido atendidos. Contar con esta información ¿cambia tu perspectiva?

Trastorno por déficit de atención

Hablemos, por ejemplo, del trastorno por déficit de atención con o sin hiperactividad, el cual cada día cobra más la atención en el medio psiquiátrico por su tendencia a desarrollar conductas claramente patológicas a futuro. Como causas para este trastorno se han citado factores orgánicos de base genética, aunque también se ha comprobado que la ansiedad puede contribuir al inicio o a la perpetuación del padecimiento, y se han hecho estudios que revelan que incluso los alimentos –fundamentalmente las golosinas– juegan un papel importante en él. Los niños con déficit de atención con hiperactividad dan muestras de este padecimiento desde muy pequeños. No es raro que tempranamente evadan cualquier obstáculo para salirse de la cuna por sí solos. Aunado a lo anterior, tienen dificultad para atender más de un estímulo a la vez y se ven abrumados por la variedad de estímulos a su alrededor. Asimismo, son impulsivos, proclives a los accidentes e incapaces de retrasar la gratificación, hechos que se relacionan con complicaciones futuras derivadas de la toma de decisiones sin la debida anticipación de consecuencias. No es raro que chicos que han padecido de este trastorno, y a quienes les ha faltado el tratamiento médico adecuado, se conviertan en adolescentes que fácilmente incurran en conductas antisociales y se coloquen en situaciones de riesgo, máxime si sus síntomas, que los han aquejado desde la infancia, han contribuido a la manifestación de comportamientos de autoderrota y de autocastigo. Este peligro es compartido por sujetos que padecen déficit de atención en cualquiera de sus formas, es decir, con o sin hiperactividad, de modo que esta última variedad también tiene lo suyo. Quienes la padecen en forma residual, es decir, que sufren de sus secuelas, en el futuro pueden ver alterado su funcionamiento ocupacional y social, en razón de su dificultad para concentrarse y para organizar y terminar tareas.

Trastorno de oposición

Consideremos ahora el trastorno de oposición. Los niños que lo padecen se confrontan intensa y continuamente con la autoridad, en momentos en que supuestamente, debido a su desarrollo, dichos comportamiento ya deberían haber sido superados. Manifiestan resistencia –a veces pasiva–, discuten, desobedecen, retan, se quejan de recibir demandas injustificadas por parte de sus padres y maestros, y no responden a intentos razonables de persuasión. Aunado a ello, son obstinados, rebeldes, dictatoriales con sus compañeros, no suelen tener amigos y, a pesar de poseer capacidad, su rendimiento escolar es bajo, básicamente por su oposición a participar. Este padecimiento, si no es debidamente tratado y se combina además con un ambiente perjudicial –en donde entre otras cosas los padres viven eternamente enfocados hacia asuntos de control y de poder–, fácilmente da paso a trastornos de la personalidad, tema que trataremos más adelante y que, en opinión de los psiquiatras, son de los más difíciles de tratar.

Es verdad que cierta oposición es deseable. Por ejemplo, hacia el año de edad, el niño descubre el poder del adverbio "No", el cual le permite oponerse a la voluntad de los demás. Aprender a utilizarlo en la dosis adecuada contribuye a su afirmación y a la construcción de una identidad propia, separada de la de su madre. No obstante, si esta oposición se prolonga o si el ambiente responde con exceso, puede surgir la patología. En términos saludables, a los tres años este tipo de comportamientos debe haber dado paso a conductas de colaboración. Sin embargo, conflictos en torno a la autoridad por parte de los padres pueden conducir al establecimiento de luchas de poder entre éstos y su hijo, sentando las bases para un posterior trastorno. Es frecuente que los chicos incurran en comportamientos autodestructivos en un intento de oponerse a las sugerencias paternas o aquéllas de la autoridad en general, así como que experimenten menos

malestar que quienes los rodean, los cuales se ven negativamente afectados.

Trastornos de ansiedad

Otros trastornos que aparecen con mucha frecuencia, y que
habitualmente no reciben la debida atención, son los trastornos de ansiedad en sus múltiples formas. Se han encontrado
evidencias que respaldan la base genética de este tipo de padecimientos, aunque también se ha comprobado que las
prácticas de crianza constituyen la influencia de mayor peso.
La ansiedad se refiere a las respuestas –emotivas, musculares
o fisiológicas del organismo– ante la percepción de peligro.
Es un sentimiento de aprensión, malestar, temor, que algo
perjudicial o terrible ocurrirá en el futuro. Algunas de sus
manifestaciones pueden ser palpitaciones, malestares respira-
torios o gastrointestinales, dolores de cabeza, garganta y en
otras partes del cuerpo, vértigo o incluso vómito y la sensación de tener "un nudo en la garganta". Son comunes las fobias a distintos animales y monstruos, el miedo a la oscuridad
y otros hábitos, tales como comerse las uñas, succionarse el
pulgar, tener rabietas, problemas de comida, masturbación y
tartamudeo. Es frecuente que estos trastornos se desarrollen en
coincidencia con factores estresantes exteriores y suelen acompañarse de timidez excesiva, retraimiento social, apatía, tristeza, problemas de concentración, falta de confianza y dificultades en la autoafirmación. En alguna de sus formas, la ansiedad
se manifiesta también mediante una preocupación excesiva
ante el juicio ajeno, la búsqueda constante de aprobación, la
incapacidad de solicitar ayuda, la duda obsesiva, la autoexi-
gencia y la insatisfacción con los logros obtenidos.

Cierto es que en ocasiones estos padecimientos disminuyen en la medida en que los niños van adquiriendo distintas habilidades que les permiten ganar confianza en sí mismos conforme van aprendiendo a tolerar ciertas dosis de ansiedad. No obstante, diversas investigaciones han puesto de relieve una fuerte relación entre historias infantiles de ansiedad abordadas negligentemente y la búsqueda de sustancias adictivas en la adolescencia. Como dijimos, en la actualidad los especialistas afirman que buena parte de las adicciones surgieron como intentos de "automedicación" de síntomas provocadores de malestar.

Trastornos de conducta

Aunados a los padecimientos anteriores, en el ámbito escolar es factible encontrar distintos comportamientos que atentan en contra de los derechos ajenos y que difícilmente pueden considerarse simples travesuras. En el ámbito de la psicopatología se les denomina trastornos de conducta. Aun cuando ciertas enfermedades cerebrales orgánicas pueden desempeñar un papel significativo en algunos de estos casos, se ha visto que las prácticas inadecuadas de crianza son el factor de mayor importancia para el desarrollo de este tipo de alteraciones. Quienes las manifiestan suelen ser niños extremadamente egocéntricos y manipuladores, que difícilmente se preocupan por la repercusión que su conducta pueda tener en el bienestar de los demás. Mienten, roban, intimidan, agreden. Muchos de ellos llegan a convertirse en líderes de pandillas que practican acoso en el ámbito escolar o, si son de una categoría menos hostil, serán individuos fracasados y fácilmente manipulables por pandillas de delincuentes.

Aun cuando los trastornos abordados no representan la totalidad de problemas con los cuales un maestro puede tener que lidiar en clase, son suficientes para proporcionar un panorama general en relación con los trastornos psiquiátricos que comúnmente aparecen en grupos de escolares. Es verdad que algunos de ellos –como ocurre en el caso de los trastornos de conducta– abundan más en ambientes agresivos y depauperados, aunque no son privativos de ellos.

Psicopatologías en el adolescente

Con respecto a los adolescentes, los trastornos que suelen acompañarlos en esta etapa de desarrollo son aquellos relacionados con problemas de identidad y adaptación, los cuales generalmente ocurren como consecuencia del estrés que abruma a los chicos a esta edad, en virtud de las nuevas demandas a las que se ven sometidos, tales como la necesidad de emancipación, la elección vocacional y el manejo de su sexualidad, entre otros. Muchos adolescentes transcurren por momentos de intenso malestar relacionados con la toma de decisiones, la incapacidad de concentración, la realización y terminación de distintas actividades y las sensaciones de vacío interior, problemas que pueden representar conflictos ordinarios asociados a la maduración.

No es raro que, en respuesta a las demandas propias de la adolescencia, los chicos manifiesten conductas regresivas –características de etapas anteriores– como dependencia, ansiedad, impulsividad, etcétera. También puede suceder que opten por valores francamente opuestos a los de sus padres, en un intento por exhibir su independencia. Estos comportamientos, la mayoría de las veces, suelen ser maniobras defensivas que, a la vista de un experto, son esfuerzos fallidos por pronunciarse en contra de algo, sin la debida reflexión. También pueden ser imitaciones extremas de distintos papeles representativos de su grupo familiar o comunitario. Es importante enfatizar que, en sus manifestaciones normales, estos temores y comportamientos son transitorios. Una prolongación excesiva de ellos puede indicar el inicio de trastornos mayores, por lo cual es recomendable darles seguimiento. Sin embargo, dado que a menudo el contacto que los maestros tienen con sus alumnos termina cuando éstos abandonan la escuela, en la actualidad, distintos grupos preocupados por el fomento de la salud mental presionan para que en el medio escolar se lleven a cabo campañas informativas en torno a las primeras señales de enfermedad mental y la búsqueda oportuna de ayuda.

Como antes mencionamos, cada día son más los maestros que declaran estar enfrentándose a problemas de indisciplina nunca antes vistos. La falta de respeto a los límites está a la orden del día. Las habilidades docentes que en el pasado bastaban para conducir a sus grupos de alumnos han sido rebasadas. Los estudiantes parecen estar requiriendo de terapeutas más que de maestros comunes. ¿Qué sistema educativo podría estar preparado para responder a tales requerimientos? Por otro lado, para dar tratamiento a estos chicos se requiere de la colaboración de la familia, la cual a menudo se niega a cooperar. Abundan las situaciones en que los miembros del grupo familiar hacen frente común en contra de la escuela. Así, el pronóstico es malo. No es de extrañar el ambiente de violencia que se respira en la sociedad. Especialistas en comportamiento humano sostienen que un pequeño que no es capaz de autocontrol a los tres años, si no es corregido, manifestará durante toda su vida dificultad para relacionarse armoniosamente con los demás. Si esta incapacidad persiste durante la niñez y la adolescencia ¿qué clase de adultos formarán a la siguiente generación? Para un maestro genuinamente interesado en la salud mental de su alumnado, los siguientes datos le servirán como señales de alarma o indicadores de que un niño o joven puede estar necesitando atención emocional y, con toda probabilidad no sólo del psicólogo, sino más aun del psiquiatra. Dado que muchos de estos indicadores pueden ser mejor percibidos en casa, un directivo responsable hará bien en informar de esto a los padres de familia.

Manifestaciones de alarma

Las siguientes señales deben ser seriamente tomadas en cuenta, máxime si varían con respecto al comportamiento habitual del chico o si representan cambios radicales en su personalidad: comer y dormir demasiado o muy poco; aislamiento; pérdida de amigos y del interés por cosas o actividades de las que antes disfrutaba (incluso llegar a regalar sus pertenencias); disminución en su desempeño académico o en su productividad; exceso de actividad o apatía; pensamientos recurrentes de grandeza o de desvalorización; angustia o temor sin razón aparente; pensamientos de muerte; frecuentes dolores de cabeza, estomacales o inespecíficos, sin razón médica alguna. Muchos comportamientos aparentemente sin importancia pueden ser el preludio de trastornos mentales de mediana o gran severidad. No cabe duda que la atención compartida de distintos adultos "sensibilizados" que conviven con los chicos puede salvar a éstos de riesgos mayores, incluso si desde un principio son canalizados al especialista.

Lamentablemente es común que maestros preocupados por sus alumnos se topen con padres de familia que reaccionan con hostilidad o indiferencia a comentarios bienintencionados del docente.

Como dijimos, pensemos bien qué clase de niños y jóvenes queremos formar, y actuemos en consecuencia para propiciar un ambiente que favorezca la ocurrencia de dicha realidad. Se ha comprobado que para el caso de chicos emocional y mentalmente vulnerables, lo mejor son los ambientes familiares y sociales cálidos y suficientemente libres de estrés, pero con límites bien definidos y adecuados. La historia que revisaremos en el próximo capítulo es un buen ejemplo de una labor de equipo bien realizada, donde la familia, los maestros y los terapeutas han actuado de manera óptima, al grado de lograr un excelente desenlace.

Atención oportuna de un niño con problemas

Cuando Ernesto nació, sus padres ya tenían otras dos hijas: una de cuatro y otra de seis años. Las niñas siempre fueron tranquilas, al grado que su madre no sólo acostumbraba tener una activa vida social llevando consigo a sus pequeñas, sino que, en su casa, daba clases de corte y confección a jovencitas. Sus chiquitas, cuando todavía no caminaban, serenamente presenciaban la clase sentadas en su sillita. Más adelante, fácilmente las entretenía con distinto tipo de juguetes que les ofrecía.

Todo cambió cuando Ernesto nació. A todas luces su madre advirtió que este niño era distinto. Por un lado, no parecía afecto a las siestas. Se mantenía despierto toda la tarde, desviando su atención de un estímulo a otro, de una a otra actividad. Por otro lado, a diferencia de sus hermanas, nunca gateó, caminó al año y medio y habló hasta los tres, una vez que ingresó al jardín de niños.

Conforme el pequeño fue creciendo, su mamá descubrió en él una inclinación a treparse en los muebles y otros objetos. Dado que vivía en un edificio y entabló amistad con varias de sus vecinas, éstas se ocuparon algunas veces de mantenerla al tanto de las inverosímiles "aventuras" de su hijo, las cuales por una u otra razón se escapaban de la mirada materna. En una ocasión, mientras ella estaba atareada en la cocina, una de sus vecinas acudió a avisarle que, a través de la ventana, había advertido que Ernesto estaba trepado en el librero de la estancia. Era un niño atrevido, que no medía consecuencias. Su madre temía que cualquier día se creyera capaz de volar y se aventara por la ventana.

No causará sorpresa saber que Ernesto fue víctima de frecuentes accidentes. Al año de edad, se abrió completamente la ceja izquierda, pues al estar brincando en un sillón de la sala se cayó y se golpeó con la esquina de una mesa. Unos años después ya se había abierto –no una, sino un par de veces–, el párpado derecho, la barbilla y la cara. En un principio, su madre corría al médico a que lo cosiera. Más tarde aprendió a tomar las cosas con calma y ella misma le ponía bendoletas para cerrarle las heridas. El episodio más alarmante fue cuando, a los ocho años, se cayó de espaldas mientras intentaba trepar una barda.

Aunado a lo anterior, Ernesto se perdió en centros comerciales varias veces, hecho que llevó a su madre a evitar salir con él. Cuando las salidas resultaban ineludibles, la señora lo tomaba de la mano y no dejaba de verlo un solo instante. Cuando tenía cinco años, su familia lo llevó a Acapulco. Ni tardo ni perezoso, en un abrir y cerrar de ojos, acabó en el fondo de la alberca. Cuando lo sacaron del agua, no dio la más mínima muestra de sobresalto. Estos accidentes provocaron que sus tíos perdieran totalmente el interés de invitarlo o llevarlo consigo a cualquier lado. Con particular gusto invitaban a sus hermanas, pero a él, pensaban que no había modo de controlarlo.

La madre de Ernesto relata que en todo momento intentó educarlo y enseñarle buenos hábitos, pero aparentemente las reglas no tenían ningún significado para él. Era un niño distraído, a quien no podía encomendar ninguna tarea. Si le pedía que trajera algo de otra habitación, nunca regresaba. Si su mamá iba a buscarlo, lo encontraba plácidamente jugando. Si le preguntaba por qué no había cumplido con su solicitud, su niño simplemente la miraba extrañado, y no ofrecía ninguna respuesta. Si le daba permiso para salir a jugar con los vecinitos, jamás regresaba a la hora convenida, invariablemente la señora lo encontraba en casa de alguno de sus amigos. No parecía tener conciencia sobre el tiempo ni recordar las instrucciones recibidas.

En edad temprana, como los cuatro años de edad, Ernesto mostró ciertas inclinaciones muy marcadas que no escaparon de la atención de su madre. A pesar de que le era difícil centrar su atención en la mayor parte del entorno, mostró un interés extraordinario por la mecánica. Le encantaba entretenerse con juegos de armar como el mecano, los legos, los carritos *revel lodela*, y en ello podía consagrarse durante largos periodos. Por otro lado, cuando tenía oportunidad de ver en vivo algún equipo mecánico, como una grúa, una aplanadora para asfaltar o un helicóptero, se detenía a observarlos lo más cuidadosamente que podía, tratando de idear cómo operaban. La señora reporta que desde entonces su hijo mostró una pronunciada inclinación hacia lo que posteriormente sería su vocación, pues actualmente estudia ingeniería mecánica.

Con respecto a su desempeño escolar en los primeros años de la primaria, la señora comenta que los problemas de su hijo se hicieron cada vez más notorios. Enseguida manifestó una dislexia muy marcada. Era incapaz de leer, confundía letras y números semejantes, unía las palabras, se saltaba renglones, su escritura era ininteligible, no podía distinguir grupos de objetos impresos en papel para circularlos adecuadamente siguiendo instrucciones, olvidaba la tarea cuatro veces por semana y no recordaba traer a casa los libros que necesitaba para preparar sus exámenes. Tenía fama de ser flojo, descuidado, distraído, no parecía tener interés alguno en el estudio, su rendimiento era muy bajo, estaba aislado y con pocos amigos.

Durante los tres primeros años de primaria Ernesto asistió a una escuela grande únicamente para varones, con grupos de aproximadamente cincuenta alumnos. Todo aquel tiempo su madre dedicó sus tardes completas a estudiar y a hacer tareas con él. No podía descuidarlo un solo momento porque enseguida se entretenía en alguna otra actividad, sacando algo de su mochila, dibujando o jugando con algún objeto. Continuamente tenía que vigilarlo y repasar las lecciones con él, pero aun esto era infructuoso, pues a pesar de estudiar toda la tarde, a la mañana siguiente Ernesto había olvidado prácticamente todo el contenido estudiado el día anterior. No parecía haber manera de que aprendiera. Con respecto a sus propias necesidades, constantemente había que recordarle ir al baño, porque se metía a tal grado en sus juegos, que se olvidaba de ir y sufría de frecuentes "accidentes". Asimismo, tardó mucho tiempo en controlar esfínteres de día y más aún de noche.

Cabe señalar que las hermanas de Ernesto también asistían a una escuela con grupos numerosos; en su caso, sólo para niñas. Ellas siempre fueron chicas aplicadas en el estudio, responsables y capaces de hacer sus tareas en forma independiente. Las diferencias que su madre advertía entre ellas y su hermano la estimularon a buscar consejo con la directora del colegio de sus hijas, quien pidió a la mujer que trajera a su hijo para practicarle una evaluación y conocer su nivel de desempeño y posibles causas de sus problemas.

La maestra no tardó en detectar ciertas irregularidades y, primero, aconsejó a su madre cambiar al chico a una escuela más pequeña, con grupos reducidos, donde pudiera recibir atención más personalizada. Por otro lado, le indicó que su hijo no podía trabajar solo y que definitivamente necesitaba de una persona especializada que le sirviera como guía, razón por la cual recomendó para él una terapia de aprendizaje, que siguió durante tres años, dos veces por semana. Esta ayuda le permitió superar totalmente su dislexia y, hoy por hoy, tener una letra preciosa. Adicional a dicha terapia, la directora solicitó la valoración de un neuropsiquiatra, quien durante mucho tiempo dio al chico apoyo emocional y tratamiento farmacológico para centrar su atención, este último, hasta la fecha.

Gradualmente, Ernesto y su familia descubrirían que sus problemas estaban causados por un trastorno de atención del cual él no era responsable y que nada tenía que ver con la pereza. En el presente han detectado que, cuando menos cinco familiares cercanos sufren del mismo trastorno. Juntos aprendieron que los niños con déficit de atención son muy impulsivos, tienen problemas de autocontrol y difícilmente se ajustan a límites y a la disciplina; aunado a ello, parecen insaciables y manifiestan poca tolerancia a la frustración (situación que viven a menudo, pues su alta tendencia a distraerse los lleva constantemente a perder sus cosas); tienen dificultad para ceñirse a rutinas y fallan en establecerse metas y en actuar conforme a un plan. Por otro lado, no pueden seguir secuencias de instrucciones (por lo cual éstas deben dárseles de una en una); presentan desorientación en el tiempo y en el espacio, suelen ser inseguros, dudan de sus capacidades y se sienten poco inteligentes e impotentes para el aprendizaje. No es raro, entonces, que se sientan inferiores a sus compañeros y posean una muy baja autoestima.

La madre de Ernesto se felicita por todas las decisiones tomadas en aquel entonces, a partir del conocimiento que adquirió sobre la situación de su hijo. Eligió para él una escuela pequeña de reciente fundación que, por lo mismo, tenía grupos muy reducidos. Por fortuna, las terapias de aprendizaje y los cambios experimentados en la nueva escuela empezaron a rendir frutos y Ernesto pudo avanzar en forma notoria.

Así fue como en cuarto año de primaria y a los nueve años de edad, el chico por primera vez en su vida conoció la experiencia de poder relacionarse de uno a uno con sus maestros y poder conocer bien a sus compañeros. Se sintió reconocido y apreciado. Tuvo mucho peso a su favor el que enseguida se dio a conocer entre sus maestros como un niño "bien educado". Entonces, de algo sirvieron los insistentes consejos y reglas de disciplina que su madre trató siempre de infundirle. En la actualidad la mujer declara expresamente que el ambiente y la filosofía de aquella escuela cambiaron radicalmente la vida de su hijo, pues no sólo se ocuparon de su desempeño académico sino también de apoyarlo emocionalmente para reconstruir y fortalecer su autoestima.

Fue entonces cuando Ernesto, antes tímido y sumiso, empezó a mostrarse explosivo y a expresar su ira aventando y rompiendo cosas. Por fortuna no faltó la sabia orientación de su madre, sus maestros y sus terapeutas, que le enfatizaron la importancia de la responsabilidad y de medir las consecuencias de sus propias acciones. Unos y otros se dedicaban con esmero a ayudarlo a reflexionar para pensar antes de actuar, incluso en los juegos. Su madre asegura que todas estas medidas fueron útiles para su hijo y que claramente pudo percatarse de sus progresos. Actualmente Ernesto ayuda a uno de sus primos, un chico de trece años que también presenta déficit de atención, quien lo ha "adoptado" como su modelo a seguir. Le enseña a planear y a advertir las posibles consecuencias de sus acciones y comparte con él algunos consejos que pueden servirle para aprender mejor.

Ernesto tuvo que cambiar de escuela al concluir la primaria, pues en aquel entonces todavía la institución no contaba con el nivel secundario. Nuevamente su madre pensó las cosas muy bien antes de decidir dónde inscribirlo. Eligió para él un colegio pequeño, de mediano nivel académico, donde su hijo pudo sentirse contento y capaz. Sacaba excelentes calificaciones. Para la preparatoria eligió un establecimiento mayor y de buen prestigio, pensando en su eventual ingreso a la universidad. Ernesto tuvo dificultades y reprobó algunas materias que debió presentar en una "segunda oportunidad", pero siempre contó con el apoyo de su madre, que lo estimuló y lo exhortó a sacar calificaciones cuando menos acreditables en aquellas materias que le representaban particular dificultad: español, etimologías e historia. En otras, como física y álgebra, se desempeñó excelentemente bien.

Hoy por hoy Ernesto ha ingresado a la universidad y cursa el segundo año de ingeniería. Es un joven noble y bien educado. Su prioridad en este momento es sacar adelante la escuela. Reporta que ha aprendido que toda acción tiene consecuencias y medita muy bien las cosas antes de actuar.

Por lo que respecta a los papás de niños con trastorno por déficit de atención, expresa que es importante que desarrollen mucha paciencia y tolerancia para con sus hijos, porque todas estas actitudes reditúan en beneficio de todos. Recomienda que acepten el hecho de que tienen que vigilar continuamente a sus hijos, recordándoles sus tareas y deberes diarios. Comenta que es fundamental que los padres guíen a sus hijos indicándoles cómo y cuándo deben hacer –o no hacer– las cosas.

En relación con los chicos que presentan el trastorno, Ernesto les aconseja observarse, reflexionar sobre sus dificultades, aceptar que son diferentes, descubrir su personal estilo de aprender y actuar en consecuencia. Para él fueron beneficiosas las clases dinámicas, que le permitían manipular y relacionar objetos, observar dibujos y dialogar.

Ernesto reconoce que, aun en la actualidad, le cuesta mucho trabajo establecer rutinas cotidianas y que, a menudo, necesita recordatorios que le permitan establecer prioridades en las distintas actividades que debe llevar a cabo cada día. Ocasionalmente visita a su psiquiatra, no tanto para recibir consejos y apoyo, sino tan sólo para control de su medicamento que, en opinión del médico, deberá seguir tomando toda su vida. El chico es agradable, responsable y generoso, y está muy agradecido, fundamentalmente con su madre, quien desde un principio supo acercarse a personas competentes que le ayudaron a tomar las mejores decisiones en favor de su hijo. Y si bien en el pasado temió por el futuro de Ernesto, ahora ve para él un horizonte prometedor.

TRASTORNOS DE ANSIEDAD

Hablaremos ahora de los trastornos de ansiedad, porque en la actualidad constituyen los problemas psiquiátricos con mayor incidencia y prevalencia en la humanidad. La incidencia se refiere al número de casos nuevos que, en una población dada, presentan una determinada enfermedad, mientras que la prevalencia expresa la proporción de una población que en un momento dado padece dicha enfermedad.

Como ya se mencionó, distintas investigaciones sobre salud mental, tanto nacionales como internacionales, manifiestan que el primer lugar de los padecimientos mentales en la población son los trastornos de ansiedad. A nivel mundial, se estima que 14% de individuos sufren crónicamente de ansiedad o han padecido alguna vez de este mal, hecho que no sorprenderá a nadie, si, como ya se dijo, se toma en cuenta que el manejo de la ansiedad es el problema central alrededor del cual se construye la personalidad.

En este capítulo hablaremos de las neurosis de ansiedad y enfatizaremos en su condición molesta, inaceptable y a menudo discapacitante para quienes las padecen. Dentro del continuo de la salud mental –ya antes explicado–, las neurosis constituyen padecimientos menos graves que los trastornos de la personalidad y las psicosis, pero sus síntomas, salvo algunos casos, no suelen ceder sin el tratamiento adecuado, por lo cual deben ser abordadas con profesionalismo.

Las enfermedades no existen por sí mismas: siempre hay alguien que las padece. Y, como dicen, al padecimiento hay que darle una cara. Por tal razón, unos capítulos más adelante incluiremos algunas historias para facilitarte la detección de diversos síntomas e incluso de rasgos de personalidad. Recuerda que nuestra principal motivación es preventiva. Mientras más temprano se detecten y se traten los posibles síntomas de enfermedad, mejor pronóstico habrá, y se evitará la evolución hacia un deterioro mayor. De la misma manera, cuando el paciente recibe información adecuada acerca de su afección, aprende a detectar en sí mismo ciertas señales de alerta y acepta sugerencias pertinentes de autocuidado, será más capaz de manejar equilibradamente distintas situaciones que por necesidad deberá enfrentar, con miras a conservar su salud mental.

Es factible considerar la ansiedad como una respuesta inherente del organismo a los estímulos externos dolorosos o peligrosos. También puede ser vista como una experiencia humana universal, que consiste en el temor anticipado hacia un evento futuro desagradable. Sin embargo, hay ocasiones en que la ansiedad rebasa los límites "normales" y se presenta en forma aguda, recurrente o duradera, en lugar de aparecer como una reacción específica y transitoria a distintas fuentes de estrés, razón por la cual se considera neurótica.

La ansiedad puede iniciarse de distintas maneras, en ocasiones, en forma lenta y con sentimientos generalizados de tensión y malestar nervioso, aunque también puede aparecer súbitamente, con ataques de ansiedad aguda, en donde el individuo sufre una intensa aprensión que a menudo se acompaña de sentimientos de que algo terrible está por suceder.

Bajo el estado ansioso, los pacientes reportan sentirse impelidos a correr, a esconderse, a gritar o a huir, aunque no les está del todo claro ni el porqué de su temor ni lo que deben hacer o a dónde deben ir. Lo que sí les resulta evidente es que les falta el aire, que el corazón les late con más rapidez y energía que lo habitual, que experimentan una sensación de vacío en el pecho y un dolor pectoral que se extiende hacia el hombro, axila y brazo izquierdos y, a veces, a la extremidad derecha. Aunado a ello, sienten los dedos entumecidos y con un ligero cosquilleo, sensación que puede agravarse y extenderse hasta los pies y la cara, sobre todo alrededor de la boca. También son comunes los mareos y vértigos, y en el cráneo, una sensación de presión y de expansión, aunque no representan éstos la totalidad de síntomas, pues hay quien además sufre de enrojecimiento facial, sudoración fría, piel de gallina y a menudo temblor en las extremidades, molestias gastrointestinales, dolores diversos, espasmos o incluso sensación de vacío en el abdomen.

Los individuos ansiosos con frecuencia exhiben su malestar mediante formas características de andar y de moverse. Es común que, estando sentados, muevan incesantemente sus brazos y piernas. En su rostro a menudo puede adivinarse preocupación que raya en terror. Sudan visiblemente, suspiran con frecuencia, su latido cardiaco es enérgico, su respiración elevada y su pulso puede llegar, en los casos más agudos, a 140 o 150 pulsaciones por minuto. Pero recordemos que no todos los pacientes que sufren de ansiedad la experimentan en su forma aguda. Quienes padecen de ansiedad crónica menos intensa, presentan la mayor parte de los rasgos anteriores pero en un grado menor. Se les oye suspirar con frecuencia, se sienten intranquilos, aprensivos e irritables.

Como señalamos, hay que dar la debida importancia a los estados ansiosos, no sólo porque resultan molestos y discapacitantes para quienes los padecen, sino debido a que pueden ser el preludio de problemas mentales mayores como una psicosis, en donde la ansiedad aparece como un miedo intenso a disolverse. Por otro lado, hay personas con problemas orgánicos (por ejemplo de corazón o de tiroides y otros), cuyos síntomas pueden confundirse con estados ansiosos. El diagnóstico certero es fundamental para realizar el tratamiento adecuado. Por lo que respecta a las neurosis de ansiedad, no hay causas orgánicas subyacentes.

En referencia al pronóstico de quienes padecen trastornos de ansiedad, el futuro esperado depende más de la fortaleza psicológica de la persona, que de la naturaleza de sus síntomas. Hay personas ansiosas que conforme maduran, sobre todo si logran cierto éxito y estabilidad en su vida personal, experimentan mejoría. En esto influye grandemente el grado de estrés al que habitualmente deben enfrentarse, la estabilidad de sus relaciones personales, su rendimiento laboral y la duración de sus síntomas.

Con respecto a la psicoterapia, ésta resulta benéfica para personas ansiosas que gozan de relaciones sociales y laborales estables y que, además de ello, son inteligentes, introspectivas, manifiestan motivación para mejorar y tienen capacidad de tolerancia a las emociones dolorosas. Por otro lado, las terapias de relajación y la práctica de la meditación trascendental pueden ayudar a un individuo ansioso a equilibrar su sistema nervioso, invirtiendo el proceso que dio lugar a la activación en forma de ansiedad. No obstante, para aquellos casos en los cuales ninguno de los tratamientos anteriores resulte suficiente, está indicado el uso de fármacos que siempre deberán ser prescritos por un especialista.

Trastorno fóbico

La ansiedad también puede tomar la forma de una fobia, la cual se expresa mediante la evitación persistente de ciertos objetos, actividades o situaciones que despiertan temores irracionales. Aunque en general las fobias no son muy frecuentes en la población, una de las más comunes es la agorafobia, que se manifiesta en temor a salir a la calle y a exponerse en espacios abiertos. El paciente se torna ansioso ante la idea de ser observado, malestar que disminuye un poco si alguien lo acompaña. También existen las fobias a los lugares cerrados y llenos de gente, a las alturas, a los aviones, a determinados animales, la fobia social, etcétera. En esta última, el sujeto manifiesta preocupación por parecer tímido, estúpido o inepto a los ojos de los demás y no es raro que sufra también de un miedo intenso a sonrojarse. Es importante recalcar que la fobia social y la agorafobia son las que con mayor frecuencia llevan a quien las sufre a buscar psicoterapia.

Quienes padecen fobias de algún tipo a menudo experimentan otros problemas derivados de ellas pues, al ser derrotados por su fobia, se sienten débiles, cobardes, ineficientes y menos capaces de lo que les gustaría ser, con lo cual no sólo pierden su autoestima, sino que sufren también de un cierto grado de depresión.

En la actualidad hay distintas técnicas terapéuticas que se utilizan como formas de tratamiento de las fobias: relajación, exposición gradual al estímulo fóbico, hipnosis, administración de fármacos, etcétera. Es importante recalcar que las fobias deben recibir la debida atención, pues igual que ocurre con otros padecimientos no tratados, pueden contribuir a que las personas incidan en las drogas en un intento de eliminar sus molestos síntomas.

Trastorno obsesivo compulsivo

Las personas que sufren de este trastorno experimentan pensamientos, palabras, imágenes mentales o impulsos que irrumpen en contra de su voluntad de modo insistente y persistente en su conciencia. En ocasiones, las obsesiones se presentan en la forma de preocupaciones recurrentes que los llevan a estudiar un determinado tema o problema complejo, sosteniendo consigo mismos incesantes e infructuosos diálogos interiores, que no los conducen a conclusión alguna.

Una característica común es el hecho de que los pacientes suelen reconocer la irracionalidad de sus ideas obsesivas y de sus compulsiones, pero, aun cuando quieren escapar de su influencia, se sienten impelidos u obligados a realizar cierto tipo de acciones "neutralizadoras" porque, de no hacerlo, experimentan una intensa ansiedad.

Se ha visto que este padecimiento es más propio de niveles económicos altos y en individuos con inteligencia superior. Por otro lado, es bastante común que, con el paso del tiempo, estos sujetos desarrollen, en forma concomitante, trastornos depresivos. También es frecuente que muchos de ellos, aproximadamente la mitad, permanezcan solteros.

Como ya dijimos, este desorden resulta incómodo, indeseable y discapacitante para quien lo padece, como ocurre con todos los trastornos neuróticos de ansiedad. No es raro que personas aquejadas de este mal lleguen a "paralizarse", en un afán enfermizo por realizar a la perfección toda actividad. Por dicha razón, se recomienda la consulta y el tratamiento oportunos con un buen especialista.

Trastorno por estrés postraumático

Los síntomas característicos de este trastorno incluyen ansiedad, respuesta exagerada de sobresalto, dificultades de concentración, irritabilidad, hipersensibilidad, síntomas depresivos, insomnio, sentimientos de culpa, conducta de autoderrota, pesadillas recurrentes y, en ocasiones, recuerdos repetidos e intrusivos (*flashbacks*) del suceso desencadenante, o incluso explosiones esporádicas e impredecibles de conducta agresiva, aunque estos últimos exabruptos no siempre aparecen. Algunas personas que sufren este trastorno pueden sorprender a los demás con comportamientos tales como viajes súbitos, ausencias inexplicadas o cambios inesperados de tipo de vida o de residencia.

Es importante distinguir entre el estrés traumático y el estrés postraumático. El primero es una intensa respuesta natural ante una situación fuera de lo común, en la cual un sujeto percibe que su vida o integridad, o las de sus seres queridos, se ven amenazadas. Constituye una reacción normal ante un evento extraordinario. En el estrés postraumático, en cambio, las manifestaciones persisten aun cuando la persona ya está fuera de peligro. Es decir, que se vuelve crónico.

Trastornos somatomorfos

Este término se refiere a aquellos trastornos físicos para los cuales no hay datos orgánicos demostrables o mecanismos fisiológicos conocidos que puedan señalarse como causantes del padecimiento, hecho que invita a suponer que los síntomas se relacionan con conflictos psicológicos. Los pacientes pueden manifestar dificultades para tragar; pérdida de la voz; visión doble, borrosa o incluso ceguera; desmayos o pérdida de la conciencia o de la memoria; convulsiones; dificultades para caminar; problemas para orinar; diarrea; abultamiento del vientre por gases acumulados en el tubo digestivo; intolerancia a gran cantidad de alimentos; dolores de cabeza y del cuerpo en general; mareos, náuseas y vómitos; fatiga; falta de placer, o incluso dolor, durante la relación sexual; menstruación dolorosa; ansiedad y síntomas depresivos.

Dentro de esta categoría se incluye también la hipocondría, la cual consiste en la preocupación, temor o convicción de padecer alguna enfermedad grave, basándose en la interpretación personal de síntomas orgánicos. Lo interesante es que esta preocupación se mantiene a pesar de que el médico, habiendo explorado al paciente, haya descartado cualquier tipo de enfermedad.

Nunca nos cansaremos de repetir lo fundamental que resulta dar tratamiento a los problemas desde el momento mismo en que son detectadas sus primeras señales. Conocemos muchos jóvenes que eventualmente desarrollaron adicciones u otros trastornos mentales serios, quienes desde su infancia mostraron incapacidad para manejar adecuadamente su ansiedad y nunca recibieron apoyo alguno para aprender a enfrentarla positivamente. Hoy en día diversos grupos de especialistas preocupados por la salud mental de la sociedad,

ofrecen talleres teórico-prácticos encaminados al fortaleci-
miento psicológico de niños, de jóvenes y de sus familias,
como forma de estimular la salud emocional. Dentro de los
contenidos abordados en tal tipo de entrenamientos figuran
el aprendizaje de habilidades de relajación y manejo del estrés, técnicas de autocontrol para manejo de la ira, de la frustración y de la conducta impulsiva en general, y habilidades
de comunicación y autoafirmación para resistir a la presión de
los compañeros.

    ¿Por qué prolongar y acrecentar un problema que puede
ser abordado con relativa facilidad? No cabe duda que a menudo tendemos a ignorar las dificultades, pretendiendo con
ello que éstas desaparecerán sin dejar rastro alguno. ¿Qué
padre de familia sería capaz de arrojar a sus hijos por una
barranca? Esto es lo que metafóricamente hacemos cuando,
ante las primeras señales de posibles trastornos, desviamos
la atención y nos enfrascamos en múltiples actividades que
nos alejan de lo verdaderamente fundamental: estimular la
salud mental de nuestras familias.

TRASTORNOS AFECTIVOS MENORES

Hablaremos ahora de los trastornos del ánimo, concretamente de la distimia y de la ciclotimia. Ambas, aun cuando constituyen trastornos afectivos crónicos, son alteraciones del ánimo relativamente leves, que nunca alcanzan la severidad de una depresión mayor o de un trastorno bipolar –que abordaremos más adelante–, aunque se les parecen.

Por lo que respecta a la depresión (incluso en la modalidad de la distimia), la Organización Mundial de la Salud manifiesta que, entre la población mundial de los 15 a los 59 años, este padecimiento es en la actualidad la segunda enfermedad más costosa. En los países desarrollados es la principal causa de discapacidad, y se anticipa que será la segunda a nivel mundial en el año 2020. Su factor socialmente preocupante se comprenderá mejor si comparamos la discapacidad ocasionada por depresión con aquélla causada por ansiedad, pues la primera supera seis veces a la segunda.

El pantano de la depresión

Anteriormente señalamos que algunos individuos presentan una vulnerabilidad particular a desarrollar trastornos mentales de distinto tipo. Con respecto a la depresión, comentamos que algunas personas son más proclives que otras a padecer este desorden. Como recordarás, este hecho está grandemente influido por el tipo de personalidad que han desarrollado. Una buena parte de pacientes deprimidos, que comenzaron a mostrar su padecimiento hacia fines de la adolescencia y comienzos de la adultez, sugieren la presencia de dificultades de adaptación, como ocurre en la personalidad dependiente y en la obsesiva, aunque este problema no es exclusivo de ellas (como podrás advertir en capítulos subsecuentes). Asimismo, rasgos de personalidad tales como la baja autoestima, la introversión, la culpa y la pasividad están fuertemente relacionados con la depresión, y es frecuente encontrar conflictos no resueltos de este tipo, que datan de la primera infancia.

No hay que olvidar, sin embargo, que la depresión también puede presentarse concomitante o como consecuencia de enfermedades médicas crónicas, tales como afecciones gastrointestinales, artritis, trastornos endocrinos, etcétera. También hay que considerar que la depresión puede surgir como efecto residual del uso crónico de alcohol, fármacos (esteroides, anfetaminas y barbitúricos) y otras sustancias legales e ilegales.

El síntoma primordial del trastorno distímico es el humor deprimido (reportado como tristeza y melancolía), el cual suele acompañarse de pérdida de interés y de gozo por las actividades y diversiones habituales. Es frecuente que la persona vea y se exprese de la vida como algo oscuro y desesperado. También son comunes la sensación de indignidad –o pérdida del amor propio–, la lentitud de lenguaje y de pensamiento, y la falta de apetito, lo que el paciente experimenta como ajeno a su forma habitual de ser. No es raro que haya disminución en el impulso y en la competencia sexuales, sentimientos de culpa y autorreproche, preocupación obsesiva por la salud, quejas sobre dificultades para pensar, indecisión, ideas de suicidio, sentimientos de desamparo, desesperanza y pesimismo. Es posible, sin embargo, que la depresión aparezca en forma encubierta a través de distintas dolencias o afecciones, tales como dolor crónico, insomnio, pérdida de peso u otras alteraciones corporales, molestias que por lo común incitan al individuo a solicitar la atención de un médico general, y que, en el mejor de los casos, finalmente llegan a manos del psiquiatra. Muchos pacientes catalogados como hipocondriacos son en realidad depresivos crónicos no reconocidos.

En la personalidad masoquista abundan sentimientos de desamparo, pesimismo y desaliento dirigidos hacia sí mismo o hacia el exterior. En el primer caso, estos sentimientos se acompañan de actitudes de autorreproche y sensación de fracaso en la relación de pareja, en el trabajo o en la vida en general; cuando las sensaciones de desamparo se dirigen al exterior, toman la forma de sentimientos de victimización por parte de familiares, colegas o alguna entidad determinada.

Otros pacientes, que tuvieron una adolescencia y una adultez joven bien adaptadas, pueden incidir en la depresión como consecuencia de un duelo, por ejemplo, tras la muerte de un ser querido. No obstante, una revisión cuidadosa de su historia puede poner al descubierto datos de dificultades maritales, pleitos, irritabilidad e insatisfacción sexual, así como alteración en los roles paternos; es decir, que los progenitores no ejercen adecuadamente su autoridad ni sus funciones.

En los pacientes deprimidos son comunes las ideaciones suicidas o, cuando menos, los pensamientos y deseos sobre la propia muerte. Al respecto, hay que prestar particular atención a la propensión que estas personas presentan hacia los accidentes automovilísticos o de otro tipo. Por otro lado, es frecuente que descuiden su salud y pospongan su atención médica, con lo cual corren el riesgo de no tratarse oportunamente padecimientos que en un principio pudieran ser simples y que más adelante resultan severos. Dado que la distimia interfiere con el interés sexual, esta condición disminuye la capacidad individual para mantener relaciones de intimidad afectiva. Por otro lado, la tendencia al retraimiento, propia de la persona con depresión, dificulta sus relaciones sociales en general. Es frecuente que sus distintos problemas, tales como divorcio, desempleo, fracasos en los negocios u ocupaciones profesionales, sean justamente consecuencia del mismo trastorno.

Es importante señalar que el reconocimiento y el tratamiento oportunos de este mal prometen un mejor desenlace que si se ignoran los síntomas y se pretende solucionar los problemas mediante un mero esfuerzo de voluntad. En la actualidad, el tratamiento de elección es la farmacoterapia junto con psicoterapia cognitivo conductual, de la que hablaremos en capítulos subsecuentes.

Un vaivén emocional

Hablemos ahora de la ciclotimia, término que utilizan los psiquiatras para distinguir una enfermedad crónica que, aun cuando no cumple los criterios ni la intensidad del trastorno bipolar, presenta algunos de sus síntomas, razón por la cual algunos la consideran una forma leve o atenuada de aquél. Hay que destacar que los pacientes ciclotímicos consideran sus síntomas como sintónicos al yo, es decir, que los ven como parte de su personalidad, y por lo mismo, no suelen buscar apoyo médico alguno para darles tratamiento. Sin embargo, sus parientes y compañeros ven las cosas de otro modo. Y dado que estos últimos a menudo son víctimas de los cambios de humor y fluctuaciones de conducta de los primeros, definitivamente consideran necesario, e incluso recomiendan, el tratamiento.

Los rasgos esenciales del trastorno ciclotímico son alteraciones crónicas que implican periodos frecuentes de depresión y manía, sin llegar a manifestar pérdida del sentido de realidad (lo cual sí ocurre en una psicosis). También, es posible que coexistan periodos largos de varios meses en los que la persona presenta un estado de ánimo relativamente normal. Cuando surgen los síntomas de la fase maniaca o exaltada, la persona suele mostrar un estado de ánimo expansivo o irritable, puede tener menos necesidad de dormir, mayor productividad, hábitos de trabajo autoimpuestos poco comunes, sensación de mayor capacidad de atención y concentración, y pensamiento creativo inusual. En esta fase también son frecuentes los episodios de múltiples compras irresponsables, repetidos cambios de trabajo, periodos de promiscuidad sexual o abruptos cambios en su orientación política o religiosa.

Este trastorno suele aparecer en la adolescencia media o final, y algunos de sus síntomas pueden experimentarse como formas extremas que acompañan a un desarrollo adolescente normal. En la adultez, estas personas, sobre todo en la fase exaltada pueden ser muy aceptadas, por ejemplo, cuando su optimismo, don de gentes, buen humor, energía y ambición favorecen su éxito comercial, profesional o académico, aunque también pueden darse periodos de rasgos inadaptados, por ejemplo, cuando incurre en conducta sexual excesiva, hace un mal manejo de su patrimonio, o se comporta inadecuadamente en familia y en distintos grupos sociales. En la fase depresiva, el paciente puede caer en la inactividad, presentar dificultades para concentrarse y rendir por debajo de su capacidad.

Es importante contar con la opinión de un clínico bien entrenado, pues a menudo este trastorno se confunde con otros que, por ser de distinto origen y naturaleza, precisan de tratamientos distintos. Hay que descartar trastornos propios de las personalidades histriónica y antisocial, de los que hablaremos más adelante. De igual manera, hay que tener cuidado para no confundir este padecimiento con síntomas similares asociados al consumo de drogas legales e ilegales, y, cuando los pacientes superan los cuarenta se debe considerar la posibilidad de causas orgánicas.

TRASTORNOS DE LA PERSONALIDAD

Entendemos por personalidad aquellas formas características (de pensar, comportarse, reaccionar) que nos identifican y nos distinguen, que dan por resultado el equilibrio más o menos rígido o flexible de nuestras respuestas adaptativas. Nos enfrentamos a un trastorno de personalidad cuando advertimos que, ante el estrés, recurrimos al uso constante y repetitivo de mecanismos de defensa inadecuados, estereotipados y mal adaptativos, que nos restan capacidad para el trabajo y para el establecimiento de relaciones afectivas apropiadas en un grado mayor que lo que ocurre en la neurosis. Es importante señalar que en el ámbito psiquiátrico esta clasificación únicamente se utiliza en el diagnóstico de sujetos a partir de los dieciocho años.

No se sabe con certeza cuál es la causa de estos trastornos, aunque se habla de distintos factores que predisponen a su ulterior manifestación. Así, por ejemplo, las lesiones neurológicas de todo tipo son dignas de consideración, incluso situaciones que ocurrieron en las primeras semanas y meses del desarrollo en el útero materno. Asimismo se atribuye gran peso a los factores socioculturales, fundamentalmente los vínculos tempranos revestidos de abandono, rechazo, frialdad y escasez de afecto y las prácticas disciplinarias equivocadas (incluso en la forma de abuso psicológico, verbal, sexual o físico), que conducen al reforzamiento de comportamientos inadecuados. A pesar de lo anterior o adicionalmente a ello, hay grandes evidencias que apuntan a la herencia, pues algunos de estos trastornos aparecen en padres, hijos y gemelos idénticos, aun cuando entre ellos no haya habido contacto alguno a partir del nacimiento.

También es posible que trastornos de personalidad encubiertos se hagan evidentes tras una crisis, por ejemplo, como respuesta a cambios importantes en las relaciones interpersonales de un individuo. Tal sería el caso de personas que se desestabilizan en forma notoria como consecuencia de una ruptura de pareja, o tras la muerte de un ser querido, y, también, mujeres que se alteran fuertemente a raíz del nacimiento de un hijo. Es normal que estas situaciones den lugar a una cierta desorganización de la persona, pero hay reacciones que, por su intensidad y duración, francamente hacen sospechar la presencia de trastornos subyacentes. Mientras la vida transcurre con suficiente tranquilidad, las cosas marchan bien, pero basta una situación fuera de lo común –que sea particularmente difícil–, para que estas personas den claras muestras un consiguiente desequilibrio emocional, manifiesto en conductas erráticas y destructivas.

En la experiencia clínica, se han advertido rasgos en la infancia que anuncian un probable trastorno de la personalidad, así, por ejemplo, hay chicos que prenden fuego, dañan a los animales y asaltan a los compañeros. No es raro que este tipo de comportamientos evolucionen hacia el trastorno de la personalidad antisocial, el cual describiremos más adelante.

Aun cuando ya hablamos de los rasgos de personalidad, lo haremos de nuevo, a fin de distinguirlos claramente de los llamados trastornos de la personalidad. Los primeros, es decir, los rasgos o el estilo de personalidad, constituyen modos habituales de percibir, de relacionarse y de pensar sobre el entorno y sobre uno mismo, los cuales se manifiestan en distintos contextos sociales y personales. Pueden ser persistentes y hasta cierto punto inflexibles, pero no necesariamente desadaptativos. Por otro lado, nos encontramos frente a un trastorno de personalidad cuando ocurre un deterioro *significativo* en el funcionamiento individual, siempre y cuando dicho daño no esté motivado por enfermedades del sistema nervioso u otras modificaciones de comportamiento relacionadas con el uso de sustancias.

Es común que las personas con trastornos de la personalidad provoquen un sinnúmero de conflictos a su alrededor, a pesar de lo cual vivan cómodas consigo mismas y no vean necesidad alguna para cambiar. Como veremos, al abordar el tema de los mecanismos de defensa, su estructura de personalidad es menos sana y madura que la de aquellas personas que sufren de neurosis, pues utilizan maniobras defensivas más primitivas que estas últimas.

De acuerdo con sus manifestaciones, se distinguen tres diferentes grupos de trastornos de la personalidad, por ejemplo, las personas de un primer grupo (que en el campo de la psiquiatría se denomina grupo A) se dan a conocer por su insensibilidad a los afectos ajenos, su tendencia al aislamiento y a su excentricidad, entre otras cosas. Las que constituyen el grupo B manifiestan un comportamiento exhibicionista, dramático y espectacular. Es frecuente en ellas el gusto por los deportes extremos, el egocentrismo, la emotividad exagerada y el comportamiento errático que habitualmente saca de quicio a los demás. El grupo C incluye los trastornos por evitación, por dependencia y obsesivo-compulsivo de la personalidad. Los individuos de este último grupo parecen ansiosos o temerosos.

Es importante mencionar que este sistema de agrupamiento, aun cuando es útil para fines de investigación y enseñanza, está bastante limitado y no ha sido debidamente validado. Por otro lado, con frecuencia los individuos presentan simultáneamente varios trastornos de la personalidad pertenecientes a grupos distintos.

Con respecto al grupo A, se encuentra subdividido en tres distintos subgrupos. El primero de ellos, denominado *trastorno de la personalidad paranoide*, se caracteriza, entre otros rasgos, por su constante suspicacia y desconfianza, susceptibilidad extrema, conducta verbal agresiva, proyección, actitud prejuiciosa, frialdad e incapacidad de reírse de sí mismo. En algunas personas estos síntomas perduran toda su vida; en otras, pueden preceder a la aparición de desórdenes más severos tales como la esquizofrenia, de la que hablaremos algunos capítulos más adelante. En los individuos con mayor suerte, los síntomas evolucionan favorablemente y dan paso a comportamientos compensatorios mediante los cuales sus temores toman la forma de preocupaciones excesivas por la moral y el altruismo. Es importante señalar que los rasgos paranoides pueden ser adaptativos en ambientes amenazantes. Recordemos que sólo podemos hablar de un trastorno cuando tales rasgos se tornan inflexibles al grado de provocar un deterioro funcional significativo en quienes los manifiestan.

Un segundo subgrupo de la categoría A es el *trastorno esquizoide de la personalidad*. Quienes padecen de este trastorno se distinguen, entre otras características, por su aislamiento (tienen pocos amigos íntimos), por su falta de sensibilidad a los sentimientos ajenos, por la superficialidad y distancia que caracterizan sus relaciones interpersonales. Aun cuando este trastorno es duradero, no necesariamente acompaña a la persona toda su vida ni impide tampoco que logre éxito laboral, siempre y cuando se dedique a ocupaciones aisladas, pues no es raro que su tendencia al silencio invite a otros a atacarla agresivamente.

El último grupo de esta categoría está constituido por el *trastorno esquizotípico de la personalidad,* dentro del cual caben muchas personas que en el pasado fueron catalogadas como esquizofrénicas, quienes, sin embargo, no cumplen los suficientes criterios para alcanzar dicho diagnóstico. Presentan distorsión tanto en su pensamiento como en su comunicación, marcada excentricidad y rarezas.

Por lo que respecta al grupo B de los trastornos de la personalidad, dentro de él encontramos al *trastorno histriónico de la personalidad,* caracterizado por una conducta dramática, exuberante y extrovertida, con escasa capacidad para mantener vínculos profundos y duraderos. Estas personas son exageradas en cuanto a la expresión de sus emociones, gustan de ser el foco de la atención, son desconsideradas hacia los demás, vanidosas, dependientes, ávidas de excitación, propensas a las rabietas coléricas e irracionales, y dadas a los intentos suicidas como formas de manipulación. En situaciones cargadas de afecto, es típico en ellas la denominada *belle indifférence,* que se refiere a la ausencia de afecto ansioso o depresivo en eventos en los que naturalmente se esperarían tales emociones. También es digno de mención el que en su discurso suelen utilizar palabras inexactas e incorrectas –otra manifestación de exhibicionismo–, descuido y superficialidad. Bajo estrés, estas personas pueden perder contacto con la realidad y atribuir motivos equivocados al comportamiento de los demás. En su extremo más grave, comparten muchos rasgos de los sujetos con personalidad antisocial, cuyas características revisaremos.

El segundo subgrupo se refiere al *trastorno narcisista de la personalidad*, en el que se distingue un sentido de grandiosidad, fantasías de éxito ilimitado, además de exigencia de admiración constante. También se manifiesta indiferencia –rabia, humillación o vacío– ante la crítica, falta de empatía, explotación, sorpresa o cólera cuando la gente no cumple sus expectativas y fluctuación entre la idealización y la desvalorización extremas hacia sí mismo y hacia los demás. Asimismo, les son comunes el humor depresivo, la autoestima baja, la preocupación por su desempeño y por la opinión ajena en torno a su persona.

El *trastorno antisocial de la personalidad*, que también forma parte de este grupo, abunda en los tribunales y en la prisión. En las historias de estas personas comúnmente encontramos (antes de los quince años) fracaso escolar, vandalismo, cuando menos un par de huidas nocturnas de casa, mentiras persistentes, promiscuidad sexual, abuso de sustancias, robos reiterados, violaciones crónicas de las normas y provocación de peleas. A partir de los dieciocho años, este trastorno se caracteriza por un mal desempeño laboral y por la persistencia de comportamientos que violan los derechos ajenos.

El trastorno límite de la personalidad, también denominado trastorno fronterizo o limítrofe, constituye el último de esta categoría. Quien lo padece se distingue por sus conductas impulsivas en contra de sí mismo. Abunda la promiscuidad, las adicciones, los excesos (en el gasto, el sexo, el uso de sustancias, la conducción temeraria, los atracones, el juego).

Sus relaciones personales son intensas pero inestables, caracterizadas por el terror al abandono, la manipulación y las fluctuaciones marcadas en torno a la idealización y la devaluación. Les son características las dificultades de regulación de los afectos y los problemas de identidad y valores, la incapacidad para estar solo, la automutilación, los accidentes recurrentes, los intentos de suicidio, las peleas y los sentimientos crónicos de vaciedad y aburrimiento. Se ha descubierto que estas personas tienen ciertas incapacidades constitucionales subyacentes relacionadas con la intolerancia a la ansiedad, la autorregulación afectiva y la predisposición a la desorganización psíquica. Es común en ellas la actitud de exigencia y la tendencia a la escisión (clasificación de sí mismo y de los otros como totalmente buenos o totalmente malos), así como la atribución externa de culpas, los episodios psicóticos breves (es decir, que se desconectan de la realidad en pequeños lapsos), la conducta impredecible, el rendimiento inferior a sus capacidades y los actos autodestructivos recurrentes.[3]

El grupo C, como ya expresamos, se caracteriza por la ansiedad y el temor. En particular en el denominado *trastorno de la personalidad por evitación*, se observa inhibición social, sentimientos de inadecuación e hipersensibilidad a la crítica, actitudes que se inician al comienzo de la edad adulta, y que ocurren en distintos contextos. En función de dicho trastorno, quien lo padece evitará actividades que le exijan tener

---

[3] De acuerdo con Otto Kernberg, la personalidad narcisista constituye un subgrupo de los pacientes fronterizos, aunque se diferencia de éstos por su comportamiento relativamente satisfactorio, un control más eficaz de los impulsos y capacidad para operar de manera más activa y coherente en determinadas áreas.

contacto interpersonal importante por miedo a la desaprobación o el rechazo. También puede mostrarse reticente a relacionarse con otros, mientras no esté seguro de que será bien recibido, o reprimirse en la intimidad por miedo a ser avergonzado o ridiculizado. Se percibe socialmente inepto y se asume poco interesante o inferior a los demás. Evita arriesgarse en nuevas relaciones o actividades porque pueden comprometerlo de alguna manera. Es importante mencionar que este trastorno comparte algunos de los síntomas de la fobia social, al grado en que quizá sean aproximaciones alternativas del mismo estado, o bien, estados similares.

El *trastorno de la personalidad por dependencia* es el segundo de esta categoría. Se caracteriza por una necesidad excesiva de ser atendido y cuidado, a la vez que extremada sumisión, miedo a la separación y profundo temor a verse abandonado. En general, se le dificulta tomar decisiones, por mínimas que sean, si carece del reiterado consejo y reafirmación ajenas, y preferiría que otros asumieran la responsabilidad por su vida. Su temor a la desaprobación o a la pérdida del apoyo ajeno, lo lleva a tener dificultades en la expresión de su desacuerdo con los demás e incluso lo conduce a asumir tareas desagradables. Debido a su falta de confianza en sí mismo, tiene conflictos para iniciar proyectos o realizar las cosas a su manera. Se siente incapaz de cuidar de sí mismo, hecho que lo lleva a sentirse molesto y desamparado cuando se ve solo. Por esta misma razón, en cuanto termina una relación importante, se involucra rápidamente con alguien más, de quien espera recibir cuidado y apoyo.

Dentro del grupo C encontramos también el *trastorno obsesivo-compulsivo de la personalidad*, el cual se caracteriza por una preocupación excesiva por el orden, el perfeccionismo y el control, en detrimento de la espontaneidad y la eficiencia. También le son comunes la obstinación y la escrupulosidad moral. Se muestra incapaz de desechar objetos inútiles, aun cuando carezcan de valor sentimental. Reacio a delegar tareas a otros, a menos que éstos se sometan exactamente a su modo de hacer las cosas. Avaro consigo mismo y con los demás. Aun cuando existe cierta asociación entre este trastorno y el trastorno obsesivo compulsivo (que abordamos en los trastornos de ansiedad), ambos padecimientos tienen sus diferencias: las personas con *trastorno obsesivo compulsivo* se distinguen fundamentalmente por sus obsesiones y compulsiones. Por su lado, quienes padecen *trastorno obsesivo compulsivo de la personalidad* se caracterizan, sobre todo, por su exagerado afán de control. Estos trastornos son independientes, es decir, que es posible padecer uno y no el otro, aunque el comportamiento de algunas personas sí cumple con ambos criterios.

También se utiliza el diagnóstico de *trastorno de la personalidad no especificado* para aquellos casos que, en rigor, no pueden ser clasificados dentro de un trastorno específico de la personalidad pero que, sin embargo, provocan malestar clínicamente significativo o deterioro en la actividad social o laboral de un individuo.

La incidencia de los trastornos de personalidad es alta. Según los especialistas, los padecen una de cada cinco personas. Siendo ésta la situación, es fácil concluir que prácticamente se localiza en todas las familias, de modo que no te será difícil imaginar lo que es convivir con un individuo de estas características. ¿Quién no tiene un familiar, un jefe o un compañero de trabajo así? Seguramente te has topado con varios de estos sujetos en tu vida o, quién sabe, tú mismo pudieras manifestar alguno de estos trastornos, sin tener noticia de ello. ¿Qué tan conflictivo eres?

Para ubicar a quienes padecen de algún trastorno de la personalidad, simplemente intenta localizar en un grupo a los individuos que continuamente tienen problemas para interrelacionarse con los demás, al oposicionista, al que provoca continuos conflictos, o al que invita al rechazo ajeno y a ser etiquetado por los demás. Toma en cuenta que estas personas —en mayor o menos medida— suelen ser dependientes, narcisistas, dubitativas, pesimistas, incapaces de regular sus emociones, carentes de empatía, excesivamente demandantes, envidiosas, desconfiadas y con tendencia al desprecio y a la devaluación. A menudo encontrarás en ellas síntomas de ansiedad, de depresión o en ocasiones incluso de psicosis (con un mayor o menor grado de apartamiento de la realidad).

Un peligro frecuente en las personas con trastornos de la personalidad, sobre todo si pertenecen a los grupos A y B, es caer en la adicción, en virtud de su impulsividad, la cual suele acompañarse de conductas autodestructivas, abusos de distinto tipo (en la comida y bebida, en el uso de sustancias, en actividades sexuales de riesgo), conflicto con los valores sociales y diversos comportamientos que no toman en cuenta las posibles consecuencias de daño para sí mismas o para los demás.

No es fácil dar tratamiento a quienes padecen estos trastornos, pues no es común que busquen ayuda. A pesar de causar constantes conflictos en los grupos en los cuales se desenvuelven, rara vez consideran que su comportamiento sea digno de transformación alguna. Se ha visto que una poderosa fuente de influencia positiva para ellos son las redes de apoyo social (grupos anónimos en sus diversas denominaciones), donde las personas trabajan sobre su estima personal, acrecientan su conciencia en torno a su comportamiento y evolucionan hacia actitudes y conductas de empatía y solidaridad. Sin embargo, hay que reconocer que el porcentaje de personas que acuden y se mantienen en estos grupos es mínimo en comparación con la totalidad de sujetos que manifiestan dichos desórdenes. Se considera que aproximadamente uno de cada diez de quienes se acercan a tales grupos resulta realmente beneficiado.

Cuando existe la disposición para buscar atención médica, es invaluable la ayuda que puede obtenerse a partir de los avances que día con día va logrando la medicina. Se ha descubierto que en los trastornos de la personalidad hay claras manifestaciones de alteración en la química cerebral, las cuales pueden tratarse con medicamentos adecuados. Asimismo, en la actualidad, mediante tomografías por emisión de positrones (PET), es posible analizar el comportamiento del cerebro de quienes padecen estos trastornos, en respuesta a distintos estímulos. Es común advertir en ellos una mayor activación de regiones cerebrales inferiores (amígdala), en comparación con áreas superiores (lóbulos frontales), proceso que explica la impulsividad que caracteriza a estos pacientes. Estos descubrimientos seguramente darán paso a tratamientos más adecuados en un futuro cercano. De esta manera, conforme los especialistas trabajan sobre la biología para regular el cerebro, se hace más posible intervenir en la mente a través de distintas formas de psicoterapia.

Como lo anunciamos, presentaremos ahora una serie de historias para facilitar la comprensión y detección de rasgos patológicos en distintas personas. Es un hecho que mientras más sana sea una persona, menos profunda y frecuentemente exhibirá sus síntomas y más fácilmente se percatará de ellos y logrará ponerlos bajo control consciente. Aun así, es más sencillo observarse y advertir los propios errores que modificarlos. Por dicha razón es una fortuna contar con profesionales debidamente entrenados que se dedican justamente a eso: a dar tratamiento médico a personas con problemas de autocontrol, para que logren beneficiarse del sinfín de consejos prácticos que ofrecen multitud de formas distintas de psicoterapia. Por más voluntad que se tenga, hay múltiples ocasiones en que ciertos impulsos destructivos sólo pueden superarse con dosis extras de ayuda por parte de personas calificadas.

LA PERSONALIDAD DEPENDIENTE

Creemos que una de las maneras más sencillas de aproximarnos a los temas es mediante historias que nos permitan descubrir rasgos familiares, ya sea porque conocemos personas que los presentan o porque son atributos que nos distinguen. Por ello ofreceremos a continuación una descripción bastante detallada de la evolución que siguió la personalidad de una mujer, desde la adolescencia, en ocasiones antes, hasta la adultez. Por razones obvias se han modificado los nombres y algunas de las circunstancias descritas para preservar el anonimato de su protagonista. La intención es guiar al lector a detectar pequeñas o grandes señales de alarma en el comportamiento propio o en el de sus seres queridos. Cuando los síntomas no reciben atención ni tratamiento adecuados, suelen mantenerse vigentes, obstaculizando el funcionamiento mental óptimo de quienes los manifiestan, y, en razón de su cronicidad, cada vez se hacen menos susceptibles de modificación.

Coral reporta haber sido ansiosa desde niña. Vagamente recuerda que, hacia los cinco años, hubiera preferido quedar-

se en casa antes que ir a la escuela. Aun cuando no tiene recuerdos claros de aquella época de su vida, hoy en día, al
mirar las fotografías que año con año le fueron tomadas junto
con su grupo escolar, descubre en su rostro evidentes señales
de incomodidad. Definitivamente, no parece que la pasara
muy bien, no se le ve feliz.

La mujer tiene memoria de que en aquel entonces y un
poco después, la escuela no le interesaba en mayor medida,
aunque conforme fue pasando el tiempo, empezó a advertir
que tenía ciertas capacidades para el estudio, y comenzó a es-
forzarse por obtener buenas calificaciones. Con respecto a su
socialización, aun cuando reconoce haber tenido algunas
buenas amistades en ciertos momentos de su infancia, en
otros se visualiza marginada y con tendencia al aislamiento.
Por otro lado, aun cuando hay evidencias de que destacaba
positivamente en algunas circunstancias, ella menciona haber sido ansiosa e insegura prácticamente toda su vida.

Recuerda que, hacia los diez años, parecía encontrar con-
solación en la comida. Comenta que con sus ahorros le gustaba comprar golosinas, las cuales escondía para comérselas a
solas. No fue casualidad que en aquel entonces subiera mucho de peso, hecho que contribuyó aun más a su inseguridad. También guarda en su memoria diversos episodios en
los cuales tuvo la vivencia de rechazo por parte de sus compañeras de escuela y, más adelante, hacia la adolescencia, desprecios que recibió de chicos y chicas en distinto tipo de
encuentros sociales. Ella reconoce que, en general, le costaba
trabajo socializar, pero le duele admitir que incluso sus intentos de acercamiento resultaran infructuosos, pues aun
tratando de hacerse simpática, lo común era recibir rechazo
de los demás. Todo esto le provocó todavía más inseguridad
a la vez que autorrechazo, ya que en comparación con sus

amigas, a quienes percibía alegres y populares, ella se asumió aburrida, triste, quejosa y nada atractiva.

Aun así, ella reconoce que, en la intimidad, ocasionalmente le gustaba pensar que era mejor que otros. En algunos momentos disfrutaba imaginando que tarde o temprano la verdad se revelaría, y que se pondría al descubierto algún talento secreto que la haría destacar frente a los demás.

Un poco más adelante, en su época de estudiante universitaria, se la vio difícil teniendo que enfrentar sus dificultades de autoafirmación. Le costaba mucho trabajo asumir un rol adulto y participar en clase dando opiniones y puntos de vista sobre diversos temas en discusión. También su tendencia a la introspección le permitió descubrir en sí misma recurrentes oscilaciones en su estado de ánimo, sintiéndose en ocasiones muy feliz y luego muy triste. Asimismo advirtió en ella fatiga física, propensión al estrés y necesidad de relajarse y dormir más que otros jóvenes de su edad.

A pesar de todo lo anterior, su empeño e inteligencia eventualmente rindieron frutos, pues, tal como lo soñó en el pasado, hubo un maestro que descubrió su potencial y puso en ella sus ojos para ocupar un puesto laboral en la universidad. Fue entonces cuando nuevamente su ansiedad se interpuso en el camino. Temerosa de enfrentarse a la vida, prefirió refugiarse en "la seguridad" del matrimonio, cuidando bien de comprometerse con un hombre que, a todas luces, no sólo le obstaculizaría el camino a su independencia, sino que contribuiría a reforzar sus sentimientos de inseguridad con distintas formas de rechazo manifiesto y encubierto.

Con el paso de los años, Coral ha ido perdiendo gradualmente su poca autoestima. A la fecha participa en distintas actividades de voluntariado con las que ocupa el poco tiempo libre que le permite la atención de su hogar. Tiene facilidad de palabra y es buena vendedora, lo que le ha permitido conseguir múltiples donativos para las obras de caridad que coordina. Por otro lado, siempre se las arregla para acaparar la conversación hablando favorablemente de sí misma, como si temiera ser olvidada o no ser tomada en consideración. Con dificultad se alegra del bien ajeno, pues experimenta una exagerada envidia hacia los logros de los demás, como si el éxito de otros le restara a ella valor. Entonces tiende a la melancolía y a un pesimismo recurrente en torno a su persona y al futuro, que anticipa poco prometedor.

Con frecuencia dice no saber lo que quiere, aunque en realidad lo que desea es sentirse en paz. Pero no sólo consigue esto con dificultad, sino que parece "colgarse" de los otros y absorber la energía de los demás. No en vano a menudo se queda sola. Entonces experimenta profundo vacío interior y sentimientos de soledad, que trata de apagar acumulando distinta clase de trofeos, reconocimientos y otros objetos.

En general se le ve complaciente y bien encarada. De pronto gusta de contar chistes y se manifiesta simpática y seductora, pero en otros momentos aparece prendida a la tristeza e incluso se hace digna de la lástima ajena.

En la actualidad, aun cuando tiene cuarenta años, aparenta menos edad. Y a pesar de los múltiples éxitos que ha cosechado en el camino, se siente miserable. En secreto siente que se ha traicionado a sí misma. A veces se pregunta si no se equivocó de planeta, y si debió haber nacido en otro lugar o no haber nacido del todo. Reconoce en sí misma dos versiones de su persona: una débil e indefensa; otra, triunfadora y segura de sí. Ambas manifiestan, por un lado, su afán de dependencia –que pugna por hacerse presente–, y, por otro, su parte sana y madura, que lucha por mantener a raya a la primera. ¡Y qué decir cuando la débil gana! La mujer sufre, se abruma. Olvida sus triunfos pasados y se siente víctima de la vida. Como si nada le fuera suficiente, como si alguien debiera darle más.

Y es que las cosas marchan bien para la mujer, siempre y cuando cosecha éxitos, reconocimiento ajeno y alabanzas de los demás. Pero si las cosas se voltean en su contra o si alcanzar sus metas, le resulta más difícil de lo planeado, fácilmente sucumbe. ¡Pues cómo no! ¡Con sus exigencias de perfección! Fácilmente cae presa de la ansiedad. Entonces se siente poca cosa, como que no tuviera valor, como que le estaría mejor desaparecer, o dado que esto último no forma parte de sus opciones viables, suele pensar que las cosas estarían mejor si la gente fuera menos hostil, si la gente fuera más amable, si las personas la trataran con cortesía, si le tuvieran mayor paciencia. ¡Pobrecita! Parece vivir esperando del mundo algo que éste "no puede" o no está dispuesto a proporcionarle. Semejante a los niños, está sedienta de atención, pendiente de las muestras de afecto de los demás y sufriendo enormemente ante cualquier atisbo de rechazo por parte de los otros.

Pudiéramos decir que Coral no ha aprendido del todo a sostenerse en sus propios pies. Por ello, es incapaz de apoyarse en sí misma; carece de autoconfianza, no puede contar con el poder de su propia contención, es adicta a la aprobación ajena. ¿Su pasatiempo favorito? Culpar a los demás. Lejos de asumir la responsabilidad por sus propios sentimientos, concede al prójimo el poder de gobernar sobre sus emociones y ánimo en general. No es difícil comprender, entonces, que experimente continuas depresiones. Habiéndose enajenado de sí misma, es decir, habiendo otorgado a otros el control de sus propios sentimientos, se percibe frágil, indefensa, necesitada de que otros la cuiden y protejan. Si cuando menos en forma superficial logra cuidado y protección de otros, experimenta cierta sensación de seguridad. Pero el simple temor de perder este apoyo o tener que enfrentarse a experiencias de rechazo –tan frecuentes en la vida común– disparan sus botones de encendido del desamparo, la inseguridad y la desvalidez.

Cabe la pregunta acerca de cómo llegó Coral hasta aquí. Por supuesto que hay factores biológicos: una fuerte propensión a la ansiedad, motivada seguramente por un sistema nervioso demasiado sensible al estrés. Aunado a ello, con toda probabilidad tuvo una infancia caracterizada por distintas experiencias de desaprobación, descalificación, humillación, culpa, falta de apoyo y demandas irracionales y otras actitudes y comportamientos negativos por parte de sus progenitores. ¿El resultado? Una mujer frágil, indefensa, con dificultad para relacionarse con los demás, demasiado preocupada por la aceptación ajena y, por lo mismo, fácilmente manipulable o proclive a la codependencia afectiva.

Podemos decir que creció con hambre emocional, le faltó cariño, no tuvo suficiente. En consecuencia, conforme se fue haciendo mayor y llegó a la adolescencia, a la juventud y a la adultez, parece insaciable. Es como si tratara de "comerse de un bocado" todo lo que siente que le hizo falta. Siempre quiere más. Está hambrienta y sedienta de reconocimiento y afecto. Emocionalmente hablando, está famélica, muerta de hambre. ¡Qué panorama!, pues ¿quién puede presumir de haber tenido una madre o un padre perfectos?

Las deficiencias y aciertos de los padres pueden ser mayores o menores, pero siempre dejan huella en sus hijos. Y hablando de las carencias, quizá en muchas ocasiones el descuido para con Coral fue motivado por falta de tiempo, demasiadas responsabilidades que atender: la familia, el trabajo, los compromisos… Pero también, condiciones tales como los altos estándares de disciplina, el estrés, la frustración, ansiedad, depresión o ira, pudieron haber provocado que, aun habiendo estado presentes físicamente hablando, sus padres no hayan podido brindarle la contención, el consuelo, el estímulo y la calidez que requirió en su etapa de formación. No es raro que ella aprendiera a negar sus necesidades, como si se hubiera forzado a no depender de nadie.

Pero tarde o temprano, la verdad se revela, la realidad se desenmascara. Un comportamiento oculta otro. Justamente esto es lo que le ocurrió a Coral. Al crecer, sólo fingió ser madura e independiente, pero en realidad sigue siendo bastante "infantil". Como su energía está disminuida, busca "alimentarse" de otros, dependiendo de ellos en forma exacerbada. Por un lado, puesto que tiene poca fuerza para perseguir sus metas, espera pasivamente que otros le resuelvan la vida; por otro, busca constantemente la aprobación ajena, para "apuntalarse" y autoafirmarse, ante su enorme falta de seguridad. Aunado a lo anterior, manifiesta un temor profundo –que raya en pánico y terror– en relación con el rechazo que pueda recibir por parte de los demás. En suma, otorga a otros el control sobre su vida, colocando en ellos su sentido de valía personal, haciéndose con esto víctima fácil de la depresión. ¿Habrá alguna manera de ayudarla?

Primeramente ella tiene que caer en la cuenta de los peligros que conlleva el permitir que sus propios sentimientos de dignidad y valor personal dependan de la aprobación ajena, pues la falta de este tipo de respuestas la deja indefensa, insegura, como un barco a la deriva. Tampoco le conviene fincar su autoestima en sus logros. Para ella resulta riesgoso utilizar el logro de sus metas como fuente de autoestima, pues todo marcha viento en popa cuando el éxito la favorece, pero es irreal esperar salir siempre victoriosa. Por más que se esfuerce, hay múltiples circunstancias que pueden llevarla al fracaso. ¿Cuál es el posible pronóstico si se juzga con base en tales resultados? Una frágil autoestima, un sentido de eficacia personal bastante enclenque. Nuevamente, será víctima fácil de desmoronarse.

Para sentirse bien, Coral tiene que cambiar su forma de pensar y de tratarse a sí misma. En primer lugar, evitar juzgarse a partir de los juicios ajenos o de los comportamientos que otros tengan para con ella. Es más, en la medida de lo posible, le vendría bien aprender a prescindir de todo juicio que la califique o descalifique como persona. Debería descubrir y aceptar que su valor radica fundamentalmente en el hecho de existir. En todo caso, podría calificar sus acciones. Y es que tiene un mal hábito: fácilmente tiende al menosprecio. Al respecto, le sería útil saber que tan acostumbrada práctica, lejos de conducirla al reconocimiento y aprobación que tanto persigue, la lleva directamente al rechazo. No hay mejor camino para la aceptación ajena que la aceptación propia. Antes de lanzarse a la consecución de la aprobación de los demás, tiene que empezar por valorarse a sí misma tal y como es, aceptarse, estimarse.

La autoestima, fundamentalmente, se relaciona con el diálogo interno que uno sostiene consigo mismo. Por ello Coral debe tener mucho cuidado con lo que piensa, siente y expresa acerca de su persona. Cuando llegue a "pescarse" dando paso a sentimientos negativos de autodesprecio, le conviene hablarse con afecto, tal y como lo haría con un amigo muy querido que cursa por un momento difícil. Además, es importante que descubra que las personas mejor aceptadas por los demás son las que irradian optimismo, alegría y buen humor, y, curiosamente, tales personas no suelen preocuparse mucho por la aceptación y popularidad que logran tener con sus semejantes.

Lograr lo propuesto implica forzosamente vencer las trampas mentales que constante y continuamente distorsionan su pensamiento, pues su desamparo va de la mano con sus pensamientos de autodesprecio y de falta de auto aceptación. Tal vez pueda ir modificando sus expectativas sobre sí misma y sobre los demás. Con respecto a ella misma, disminuir su afán de perfección, fijarse más en sus cualidades que en sus defectos, poner más atención en lo que tiene que en sus carencias. Sobre los demás, no esperar que siempre actúen con amabilidad. Muy posiblemente sufran del mismo mal que ella, sean altamente vulnerables, y no sepan relacionarse bien con los demás. Un sano desarrollo afectivo se facilita si las personas han disfrutado de ambientes familiares llenos de calidez, aceptación y apoyo. ¿Qué nos hace pensar que los demás hayan podido gozar de tal tipo de hogar?

Sólo quien se siente bien consigo mismo es capaz de procurar consistentemente el bienestar ajeno. Tal vez la aceptación de este hecho pueda ayudar a Coral a convencerse de que cuando sea el blanco de resentimiento, envidia o menosprecio ajenos, lo mejor será pensar que probablemente sus victimarios se sienten incluso más miserables que ella.

Caso curioso: sedienta de aceptación, Coral busca que otros la comprendan, que entiendan sus necesidades afectivas. Pero al mirar a su alrededor y advertir que prácticamente todos sufren del mismo padecimiento, y que a ello obedece su conducta hostil, aprenderá a no reaccionar a los desplantes y desprecios ajenos, a no tomar sus acciones en sentido personal. Les dará el mismo tratamiento que se recomienda para ella misma: compasión y ternura. Entonces habrá volteado completamente las cosas. Lejos de implorar comprensión, empezará a buscar comprender a los demás, Estará desarrollando empatía.

GRANDIOSIDAD Y NARCISISMO

En este capítulo advertirás la probable evolución de un joven "pagado de sí mismo" a un adulto con claros rasgos propios de una personalidad narcisista. Vayamos a sus años mozos. Cuando Felipe era niño, su madre siempre se había sentido embelesada por él, pues era un chiquillo listo y lleno de encantos. Y como la mujer no llevaba muy buena relación con su marido, no le fue difícil convertir al pequeño Felipe en su "pareja miniatura". La señora no perdía oportunidad de agasajar a su hijo, tanto, que el niño creció sintiéndose todopoderoso, siempre afanándose por ganar, por poner las reglas, por llevar el control.

Felipe comenta que, en su infancia, sus padres siempre lo empujaron a lograr cada vez más, y supone que esto era debido a que veían en su hijo mucho potencial. Piensa que quizá por dicha razón sus padres lo impulsaron tanto; no le daban oportunidad de fallar, de quejarse o de sentarse a descansar. Siente que siempre se vio forzado a dar más de sí, y cuando sentía que ya no tenía fuerzas, le ayudaban a afianzarse y a no darse por vencido. Reporta que su padre en general tuvo un estilo de crianza de bastante dureza pues, habitualmente, en lugar de felicitarlo por sus éxitos, más bien se burlaba de él, lo ridiculizaba y lo comparaba desfavorablemente con los demás.

Con respecto a su educación, sostiene que hubo un punto en el que ambos padres coincidieron y éste fue enseñarle a no sentir. No debía sentir lástima por sí mismo y menos por los demás. Tampoco debía ser muy bueno. Consideraban que la gente buena es poco inteligente y que lo mejor es estar siempre pendiente de los demás, no sea que se les ocurriera idear una traición. Así, sus padres le enseñaron que lo mejor es traicionar primero. De esa manera se "curaban en salud", y a los demás les servía como advertencia para cuidarse de ellos. Más les valía tenerles respeto. También le enseñaron a no admirar a nadie.

Felipe recuerda que, desde que fue adolescente, se sentía grandioso e invencible. Participaba en infinidad de actividades. En general lograba lo que se proponía y se sentía más listo que la mayoría, a quienes percibía miedosos y cobardes. Él a menudo actuaba como el protector y salvador. Esto lo hacía sentirse poderoso. Y eso del poder… le agradaba. Reconocía que prefería el poder al placer, aunque para lograr el primero siempre tuviera que estar ideando cómo impresionar a los demás.

Desde entonces, al igual que en el presente, no le interesaba en lo absoluto si le caía bien o no a la gente. Tampoco le interesaba cómo pudieran sentirse los demás. Cuando ayudaba a otros, más que nada lo hacía para quedar bien. Si lo que hacía por ellos les resultaba útil o no, le era indiferente. Finalmente, aseguraba, cada quien debe velar por sí mismo. Su máxima en la vida era ser fuerte y valiente; ver la vida de frente. Eso lo aprendió de su padre, quien además a menudo le insistía que lo importante es verse siempre bien, por eso antes como ahora cuidaba tanto de su imagen.

En su juventud, aun cuando disfrutaba de sus admiradores, le gustaba que la gente guardara su distancia. Esto sigue siendo una característica en él. Prefiere mantenerse lejos de los demás. Le fatiga tener que mostrar siempre su mejor cara, hacer todo a la perfección. Por otro lado, reconoce que le conviene tenerlos cerca, pues le sirven como recordatorio de su poder, Sólo por eso los soporta. Recuerda que en su adolescencia, a veces, cuando estaba solo, sentía que le faltaba valor. Pero bastaba que alguien lo llamara por teléfono o que se reuniera en algún sitio con "un amigo", para recordar lo grandioso que era. Consideraba no ser culpable porque a la gente le gustara ponerse a su servicio. Acepta que, si ponían resistencia, sabía cómo convencerlos. Unos lo denominaban manipulación, pero para él no era otra cosa que capacidad de influencia. Se sabía muy hábil para influir en los demás. En el fondo creía que todos eran unos "pobres diablos", los que lo seguían, por tontos y barberos, los que no, por no darse cuenta de lo maravilloso que era.

En el pasado, y aún en la actualidad, cuando Felipe estaba solo, llegaba a sentirse cansado, triste y enojado, un tanto confundido acerca de quién era en realidad. Pues a fuerza de comportarse como los otros esperaban que lo hiciera, a veces tenía la sensación de haberse perdido en el camino. Entonces sentía ganas de huir y de acabar con todo. En esos momentos experimentaba rabia contra sus padres porque desde niño le exigieron tanto. Le daba rabia consigo porque les siguió la corriente. Pero más rabia le daba aceptar que eso que todos admiraban sólo era una careta.

En la soledad se decía a sí mismo, –y aun se dice– que, si pudiera, le gustaría "aventar la toalla", dejar de tomar decisiones por los demás o incluso por sí mismo, esperar a que otros decidieran lo que más le convenía.

Le hubiera gustado esconderse en un rincón y no saber de nada ni de nadie. Sabía que había obtenido triunfos, pero sentía que cada vez le era más difícil mantener el paso. Pero los momentos de duda cedían al fin, y tras recuperar su confianza en sí mismo, volvía a sus andadas.

Y fue unos años después, estando en la cima de su éxito profesional, cuando conoció a Laura, quien más tarde sería su esposa. Se conocieron en un coctel. A los ojos de ella, allí estaba él, tan gallardo, tan elegante, tan dueño de la situación, tan atinado en sus comentarios. Parecía que no había tema alguno del cual Felipe no pudiera conversar. Todo esto contribuyó a que se enamorara de él en un instante. Y cómo no iba a ser así, si Felipe, con esos modales exquisitos que pudieran ser calificados de seductores, trataba a todos los presentes con una seguridad fuera de este mundo, cuando menos así lo veía Laura, quien sentía que Felipe reunía todos los atributos de los cuales ella carecía.

Todo ocurrió tan pronto. Tras unos meses de noviazgo ya estaban formalizando el compromiso. Y eran tantas las cualidades agradables que Laura descubría en Felipe cada día, que nunca reparó en aquella mirada suya, la cual, si ella se hubiera detenido a analizar, le habría permitido descubrir un dejo de desconfianza. Pero es que había tanto que arreglar, tantos preparativos que realizar, que Laura hizo a un lado todo aquello que pudiera distraer su atención, que le hiciera desviar su energía de lo principal: convertirse en la mujer de Felipe.

Finalmente el día de la boda llegó. Felipe eligió para sí un atuendo poco convencional. Vistió un traje que bien pudiera haber pertenecido a un duque, a un rey o a un emperador.

Además, por si fuera poco, quiso arribar al templo de una manera extravagante, cuidando, asimismo, de informar de esto a los periódicos, de modo que su celebración nupcial fuera ampliamente comentada en los medios y en la sociedad. Y, dado que tenía los recursos para hacerlo, no tanto porque poseyera una amplia fortuna, sino porque contaba con un sinnúmero de "amistades", consiguió un carruaje colonial, el cual condujo un amigo suyo hasta la iglesia y luego, justo en el atrio del templo, descendió de aquel antiguo vehículo en medio de exclamaciones de los invitados. Contrario a las costumbres, Laura aguardaba a su novio, de pie, delante del portón del templo. Tan enamorada, nada dijo, no obstante que su novio le hubiera robado toda la atención del momento, pues su sencillo vestido de novia desentonaba junto a aquel vestuario que su prometido portaba con tal galanura.

Durante la planeación de la ceremonia, Felipe nunca pensó en su novia. Estaba tan acostumbrado a ser el centro de los eventos, el alma de las reuniones... Pero nada de eso importaba a Laura, quien sentía ser la novia más afortunada del universo. Eso sintió cuando vio cómo Felipe, tras descender de aquel carruaje y caminar hacia ella con una amplia sonrisa, se pavoneaba por el atrio, "partiendo plaza", con una seguridad tal, que la invitaba a pensar que, bajo su cuidado, jamás volvería a experimentar fragilidad alguna. ¡Si ella hubiera sabido...!

Una vez casada, Laura no tardó en descubrir que aquel aire todopoderoso que emanaba de Felipe, no era otra cosa sino una total negación de los sentimientos. No parecía haber sobre la tierra acontecimiento alguno que hiciera temblar a Felipe: ni el dolor de sus semejantes, ni el sufrimiento, ni la preocupación. ¿Es que Felipe jamás sentía compasión por los demás?, ¿ni siquiera por sí mismo? A veces así lo parecía.

Con el paso de los días, semanas y meses que siguieron a la boda, Laura fue constatando que Felipe era incapaz de sentir. Por supuesto que en su vida se había enfrentado a eventos dolorosos, sobre todo, en su niñez. Pero todo parecía indicar que en algún momento de su temprana infancia, había hecho una promesa consigo mismo: nunca dejarse derrotar; siempre vencer. Y para ello, decidió que había que hacer a un lado todo sentimiento de vulnerabilidad, cuidando siempre de su imagen que, a ojos de todos, era completamente impecable.

En el presente no es posible decir que Felipe sea una persona abiertamente agresiva. Es decir, que Laura no puede afirmar que alguna vez haya visto a su marido tratando de imponérsele violenta o tiránicamente; tampoco es éste su estilo de relación con los demás. Por eso a Laura le resulta tan confuso definir la causa de su desencanto, de su decepción. Se siente triste, sola, traicionada. Compara su existencia al encierro que experimenta una hermosa ave dentro de una jaula de oro. Todas sus actividades están celosamente planeadas y vigiladas por Felipe, quien, dicho sea de paso, jamás la maltrata. Sólo es un asunto de control. En el fondo, Felipe está tan temeroso de ser controlado que de antemano ejerce el poder, disminuyendo a cualquiera que entra en relación con él, como si intencionalmente lo despojara de toda fuerza interior, asegurándose así la prevalencia del poder.

Incluso con sus amigos de juego, quienes son a la vez sus compañeros y contrincantes, despliega su afán de victoria, no dando oportunidad a que alguno de ellos le gane una sola partida de ajedrez. Estas retadoras convivencias, no sorprende a nadie, se realizan siempre con toda puntualidad en casa de Felipe y Laura los jueves a las nueve de la noche. Cada semana uno de sus amigos es invitado y retado a jugar. Y aunque de ello no se habla en forma clara, expresa y abierta, hay ciertas reglas que acatar. La consigna para el invitado es ésta: bajo ninguna circunstancia debe ganar. Cuando en el pasado Felipe ha sido derrotado por alguno de sus convidados, éste ha dejado de pertenecer a su círculo de amistades, pues el anfitrión, aunque con cortesía y buenas maneras, jamás lo invita de nuevo.

Y no es que Felipe tenga éxito siempre. Por ejemplo, en los negocios, Laura recuerda cómo en contadas ocasiones, cuando la fortuna le ha sido adversa, Felipe asume la posición de víctima. Sólo entonces deja entrever que sí es capaz de sentir. Pero, lejos de responsabilizarse y atribuirse la causa de los fracasos acaecidos, le es fácil encontrar justificaciones y excusas para culpar a otros, haciéndolos quedar como sus victimarios. En el transcurso de tales episodios, a Laura le es imposible pasar por alto cómo su marido mantiene la cabeza rígida y el cuerpo tenso. Pero eso sí, sin perder el aplomo y la elegancia que lo caracterizan.

En esos momentos, a pesar de sentirse insegura con respecto a estar o no estar actuando de manera correcta, Laura busca acercarse a su esposo para ofrecerle algún consuelo. Felipe, de manera educada pero firme, la aparta de sí, asegurándole que no siente dolor alguno. Laura piensa que su marido parece carecer de necesidades afectivas. Ella, en cambio, cómo siente necesitar sus muestras de afecto. De modo que en lugar de consolarlo, acaba siendo ella la consolada. ¿Será que en el fondo, mediante una sutil maniobra, Felipe sabe cómo acercar a sí a su mujer para recibir su calor disfrazadamente, al tiempo que él pretende o simula dárselo a ella? Porque eso sí, Felipe nunca se quiebra.

En cierta ocasión, Laura escuchó de labios de su suegra, que Felipe había sido siempre un niño tan educado, tan independiente, tan maduro, que ella jamás había tenido que acariciarlo o consolarlo. Era como si su hijo hubiera puesto una barrera –así decía ella– impidiendo a su madre acercarse físicamente para tocarlo. ¿No será posible lo contrario? ¿Que la mujer, habiendo ignorado las necesidades afectivas de su hijo, lo hubiera forzado a negar sus sentimientos y a adquirir una "pseudofortaleza" a fin de no sucumbir?

Alguna vez Felipe le confesó a su mujer que le tenía poco afecto a su padre y que se sentía más atraído por su madre. Recordaba cómo durante su niñez ella siempre procuró vincularse con él, al grado que Felipe a menudo se aliaba con ella poniéndose en contra de su padre. Pero en todo esto había algo confuso –confesaba– porque también recordaba cómo en múltiples ocasiones, él procuró aproximarse a su madre, y ésta lo rechazaba. Él mismo decía que era como si recibiera al mismo tiempo dos mensajes por parte de la señora: uno invitándolo a acercarse y otro empujándolo a apartarse.

Hoy en día, aun cuando Felipe aparentemente se muestra seguro y dueño de toda situación, en el fondo duda de su capacidad y de su fuerza. A menudo se siente impotente, débil y cruel, como si su esencia careciera de auténtica fortaleza y de buenos sentimientos. Por otro lado, con frecuencia se siente vacío y difícilmente obtiene bienestar duradero a partir de un logro, de una adquisición o de una nueva conquista. Apenas agotada la novedad, los asuntos pierden valor ante sus ojos, máxime porque aquellos objetos o personas que alimentan su vanidad a través de la admiración, dejan de interesarle. Igualmente, con frecuencia se pregunta sobre su verdadera identidad, pues muchas veces siente estar viviendo una farsa. Todas estas sensaciones lo han llevado a experimentar una intensa ansiedad, hecho que a su vez, lo ha conducido a pensar en la posibilidad de solicitar ayuda. Pero eso, ¡nunca!

Aunque, ¡quién sabe! Quizás algún día acepte que otras personas parecen pasarla mejor que él, y haga acopio de valentía para buscar apoyo profesional. Éste, definitivamente deberá orientarlo hacia la comprensión de su propia historia, a fin de encontrar explicación y remedio a sus sentimientos de vacío, a las insaciables demandas que hace a los demás y a sus sentimientos de rabia por sentirse profundamente lastimado. Adicional a ello, Felipe deberá ser conducido a valorar de modo realista las cualidades y limitaciones propias y ajenas, a sanar sus heridas emocionales causadas por la falta de empatía en respuesta a sus necesidades, y a nutrir confianza y auténtico amor por sí mismo y por los demás.

EL DOLOR MASOQUISTA

Pobrecita de Rita. ¡Le han pasado tantas cosas en su vida! De hecho, a sus cincuenta años, confiesa que su madre nunca la quiso realmente y que siempre la rechazó. Estos sentimientos son justificados.

Con respecto a la madre de Rita, hay que aceptar que careció de preparación y de calidez. Seguramente ella también tuvo sus propios problemas que enfrentar. El caso es que no supo cómo educar a sus hijos; nunca fue una madre "suficientemente buena" y ¡cometió tantos errores...! Pero de eso hablaremos más adelante.

Por el momento es importante destacar la enorme carga emocional que Rita lleva sobre sus hombros y la pena que alberga en su corazón, la cual siente que supera sus fuerzas. ¡Su madre acaba de morir! Y no hay nada ni nadie que pueda consolarla. Este episodio —para ella tan dramático, fulminante y avasallador— la llevó a dar un paso adelante y buscar ayuda profesional.

Hay en ella tanta confusión de sentimientos, tantos afectos entremezclados. En su vida, Rita a menudo sospechó que su madre la odiaba. Y existían sobradas razones para pensar de esa manera. Cuando pequeña, su madre la había humillado de múltiples formas. También ahogaba en ella cualquier intento de autoafirmación e independencia, y aprovechaba cualquier oportunidad para hacer que su hija se sintiera derrotada.

Las experiencias tempranas de Rita con respecto a siempre ser encontrada en falta parecían haberse grabado en su historia de vida, pues se repiten en el presente, impidiéndole lograr éxito en sus metas. Incluso parecería que ella misma invierte gran energía en su propio fracaso. ¿Acaso debido a que tantas veces su madre insistió sobre su insuficiencia, Rita se ha asumido como persona fracasada? Pues ahora parece repetir las pautas de su madre, reprobándose a sí misma, auto juzgándose insuficiente y limitada.

El rechazo y la descalificación maternas experimentadas por Rita persistieron a lo largo de su vida. Recuerda cómo hace unos meses, con su enfermedad ya muy avanzada, la mujer expresó varias veces a su hija que no quería recibir ningún género de ayuda de su parte. ¡Increíble postura en una persona tan cercana a la muerte! El resto de los hijos, ¡hombres al fin!, pensaba Rita, habían dejado de velar por su madre. En cambio Rita, quien por otra parte es la primogénita, siempre intentó procurarla de alguna manera, aunque nada parecía ser suficiente. No había modo de agradar a la señora.

Rita no recuerda muchos pormenores dolorosos de su infancia. Pues ¡claro! era pequeña cuando sufrió la mayor parte de los rechazos maternos. Además, lo poco que tal vez podría recordar con algún esfuerzo, parece estar reprimido, escondido en algún recóndito lugar de su inconsciente. A nadie le es fácil acusar a su madre. No cuando es la fuente nutricia, sin la cual no es posible sobrevivir durante los primeros años de vida.

Sin embargo, algo se ha quedado grabado en la memoria de Rita. Algunas vivencias que no puede definir con claridad, pero que le hace sospechar que su madre nunca la amó en verdad. Ni en su adultez presente, ni tampoco antes, a lo largo de su pasado infantil y adolescente. Afortunadamente, hay distintas maneras de reconstruir una historia. Muchas experiencias de Rita pueden ser recuperadas para comprender su dolor pero, más que nada, para ayudarle a restaurar su energía. Porque Rita no se siente viva, siente que le falta fuerza, que se cansa con facilidad, que no tiene ganas de vivir, que carece de esperanza.

Ella recuerda que creció tímida, sola, obediente, aparentemente deseosa de pasar inadvertida. Este supuesto deseo de "no ser vista" era –y continúa siendo– engañoso, ya que todo parece indicar que gusta de la atención de los demás, la cual busca, torpemente a través de sus constantes lamentaciones. Así, es posible pensar en un "doble juego" en virtud del cual Rita más bien tendía (y aun tiende) al exhibicionismo, aunque lo disfrace con mayor o menor éxito. Muy probablemente, la mera sensación de gozo que le representa la atención ajena es, en sí misma, fuente de ansiedad para ella.

Desde niña, Rita siempre pensó que carecía de atractivo. En el presente, sus ojos tristes parecen ser el espejo de un alma en permanente sufrimiento. No hay en ella rasgo alguno de coquetería, ningún afán de exaltar su belleza. Confiesa sentirse destinada a sufrir. Difícilmente recuerda momentos felices en su vida. Incluso hoy en día, los episodios dramáticos parecen presentársele continuamente, sucediéndose unos a los otros, como si el dolor la persiguiera con la consigna de nunca dejarla en paz. Es difícil escuchar de sus labios alguna frase optimista y alegre, de esperanza al futuro. Siente que apenas supera un episodio doloroso y "comienza a ver el sol tras de los negros nubarrones", ocurre algún otro acontecimiento trágico que la sacude y la devuelve a su amarga realidad.

Hay cosas que llaman la atención del observador. Constantemente sufre de pequeños accidentes. A partir de ello surge una sospecha: ¿estará de alguna manera buscando dañarse a sí misma? Este tipo de eventualidades pueden ser maniobras semiconscientes que le ayudan a recibir atención y cariño, a fin de disminuir su angustia y tensión internas.

La mujer repetidamente manifiesta que no vale nada. Que nada sabe hacer bien. Suele compararse con los demás, viéndolos exitosos y poderosos, con control sobre sus vidas. Ella se juzga desfavorablemente frente a los demás, aunque en estas comparaciones hay elementos contradictorios, pues, en el fondo se cree superior a ellos.

Vive en constante angustia, estado que en ocasiones disminuye. Es entonces cuando Rita puede dedicarse a hacer algunas tareas productivas. Pero en cuanto surgen nuevas tensiones desagradables o cuando siente amenazado el cariño, redobla sus lamentos y demandas. Expresa que le es imposible deshacerse por completo de la angustia, la cual siente siempre presente, aunque a veces ligeramente disminuida. Así mismo manifiesta que tampoco puede liberarse de una permanente sensación de malestar.

Rita se siente sola y sin apoyo. Su marido la ignora y no se ha mostrado suficientemente sensible ni empático ante el dolor de su mujer, quien ha tenido que vivir en soledad su luto por la muerte de su madre. Incluso su esposo se ha negado a asistir a los novenarios, aunque sí pagó los gastos fúnebres y también la ha apoyado económicamente en todo lo que ella ha solicitado, no sólo con motivo de este duelo, sino a lo largo de su vida matrimonial.

El terapeuta se cuestiona sobre las maniobras que –abierta o veladamente- Rita ha llevado a cabo para mantener su distancia. Pregunta entonces a la mujer si no ha habido ocasiones en que su marido ha intentado tener algún pequeño acercamiento, y ella se las ha arreglado para rechazarlo. Ella acepta que cuando él ha procurado acercarse, ella está tan enojada por su anterior distanciamiento, que en lugar de aceptarlo, le recrimina su alejamiento y su falta de interés. Así, en lugar de agradecer la iniciativa de acercamiento, lo acusa de haber sido distante. Tras este gesto, lo común es que el marido se aleje de nueva cuenta dejándola sola otra vez, pero sólo después de someterla sexualmente.

Para Rita estas experiencias están llenas de confusión. Quisiera poder disfrutar del acto con plenitud, pues siente un ligero placer con el solo intento de su esposo por poseerla, pero este pequeño atisbo de agrado le provoca tanta angustia, que patalea y se defiende expresando que no desea relación alguna. En la sexualidad, prefiere asumirse como objeto pasivo, carente de interés, de responsabilidad y de iniciativa. Finalmente, cede con sumisión, ya que en su intimidad reconoce el disfrute provocado por el contacto de piel con piel, que, cabe decirse, es lo único que Rita espera y desea, pues desconoce los placeres del orgasmo.

Con respecto a su vida social caracterizada por la soledad, en sus momentos de lucidez Rita se pregunta si no es ella quien orilla a los demás a alejarse. No es esa su intención consciente, pero dado que tales son los resultados, por momentos tiene la valentía de cuestionarse si la gente se aparta de su camino por algo que perciben en ella. ¿Será que advierten rechazo de su parte y le responden de la misma manera? Aunque últimamente está cayendo en la cuenta de que su actitud de queja constante aparta a los demás, cuando su intención, no del todo consciente, es obtener su atención y cariño.

Rita confiesa que no quiere alejar a los demás, que necesita tener a otros cerca de ella, pero que quizás no sabe cómo lograrlo. Jamás aprendió a hacerlo. Su madre, quien fue su primer modelo de establecimiento de contacto social, siempre mostró rechazo. Rita nunca tuvo éxito para llegar a su corazón. Como resultado, no desarrolló comportamientos que despertaran sentimientos de simpatía en los otros. Al contrario, consciente o inconscientemente los hostiga, los agrede, y ellos responden en consecuencia, pagándole con la misma moneda.

Rita entonces se siente culpable, pues desea el contacto, la calidez. Se cuestiona por qué le resulta tan difícil la interacción social. Siente que otros la lastiman. Pero ella se pregunta si no los hiere también con su desprecio y su provocación. Eso, por supuesto, no concuerda con la imagen que tiene de sí misma. Le gusta pensar que ella es la víctima y los demás sus perseguidores. Actualmente siente que su rencor hacia los otros y hacia la vida es lo único que la mantiene viva. No obstante, tiene miedo de que su negativismo y su hostilidad rebasen su capacidad de autocontrol y exploten desmesuradamente. Por eso procura cuidar mucho sus relaciones interpersonales, buscando ocasiones de agradar a los demás, aunque su torpeza social a menudo la conduce a lograr justamente lo contrario: el rechazo.

¿RESPONSABILIDAD U OBSESIÓN?

Te presentaremos otra historia. Conforme te vayas adentrando en el argumento, intenta imaginar el tipo de personalidad que está retratada en el personaje de nuestro relato. Intenta, además, idear algunas formas de ayuda para nuestra protagonista. Te sentirás bien al advertir que eres capaz de acertar en gran medida. Y es que es más fácil detectar ciertos rasgos en el comportamiento propio y ajeno, que modificarlos. Una vez que se reconoce el problema y se toman medidas para recibir un tratamiento adecuado, es posible advertir mejoras, aunque a menudo los cambios de conducta ocurren con lentitud. Y también es común que luego de algunos avances, se observen ciertos retrocesos. Lo importante es persistir buscando siempre un nuevo nivel de equilibrio que nos proporcione un mayor bienestar y una mejor capacidad de funcionamiento mental y emocional.

Diva es su peor enemiga. Puede decirse que constituye un auténtico "chicote", siempre detrás de sí misma, criticándose, juzgándose, arrebatándose el simple gusto de vivir, de disfrutar a fondo aquello que realiza. Y cómo no verlo de esa manera, si es una especie de fiscalizador, continuamente al acecho, pendiente de cualquier error, de cualquier imperfección propia... aunque también, hay que admitirlo, afanosa y empeñada en pescar en falta a los demás.

Algunas personas admiran en ella su férrea voluntad, pues la ven persistir afanosamente y con gran determinación en el logro de sus metas. Aunque otras más piensan que su persistencia raya en la obstinación y, más aún, en la terquedad. Estos rasgos tan extremos les hacen sospechar que su impulso, más que originado en una auténtica fuerza de voluntad, es una especie de "tortura" o de "condena", ante la cual Diva está sometida, carente de toda libertad. Es como si respondiera a una obligación impuesta desde fuera y ante la cual estuviera imposibilitada para rebelarse siquiera.

En un enfermizo afán por evitar el error, por lograr a toda costa la perfección, hay ocasiones en que Diva abandona las tareas, dejándolas inconclusas, o posponiéndolas, quién sabe para cuándo. Y en realidad, no es que la mujer no haga nada, sino que, más bien, se pierde "entre las ramas". Se fija y se ocupa tanto en los detalles, que con frecuencia pierde de vista lo fundamental de los problemas. Total, que habiendo comenzado con un objetivo en la mente, pronto desvía sus esfuerzos hacia asuntos sin importancia. Y un pendiente la lleva a otro. Y éste, a otro más, y así, indefinidamente, de modo que al voltear la mirada hacia la meta original, se hace evidente que se ha desviado del camino, olvidando lo principal.

¿Lo habitual en ella? la ansiedad y la preocupación. Diva vive permanentemente abrumada, presa de una ansiedad continua, que difícilmente le permite relajarse, gozar de la vida y sentir auténtica alegría. ¿Qué le preocupa? Todo. El pasado, el presente, el futuro... Cualquier cosa es fuente de inquietud pues, en muchos sentidos, la vida necesariamente implica incertidumbre: el peligro (tanto para sí misma como para los demás), los riesgos y las amenazas (muchas de ellas irracionales y poco probables de suceder). Aunque también le inquieta la posibilidad de perder el control, explotar, perder su compostura y mostrar su enojo, su ira y su hostilidad. Pero esto tampoco es muy factible de ocurrir, pues si alguien tiene control sobre su persona, ésa es Diva. Sin embargo, cierto es que sus inquietudes le impiden lograr bienestar. Apenas tiene un ligerísimo sabor de lo que significa gozar.

Pero no hay que formarse una idea equivocada de Diva. Con tantas evidencias en su contra, quizás pudiera parecer que carece de cualquier rasgo digno de alabanza. Nada más ajeno a la verdad. En el trabajo, Diva es una excelente empleada. Sus jefes la consideran prácticamente insustituible, pues es firme, responsable, sensata, recta, razonable, disciplinada, confiable, precisa (por no decir exacta), aferrada a los sistemas y metodologías, aparte de ser puntual, comprometida y férrea defensora de aquello en lo que cree. Aunque también hay ocasiones –debemos reconocerlo- en que la mujer necesita que alguien le ayude a salir de su confusión, porque, ocupada en tanto detalle, fácilmente pierde perspectiva y sentido de prioridad, y es capaz de dedicar inútilmente mucho tiempo y esfuerzo a actividades que no reditúan, las cuales, por otro lado, le evitan atender lo fundamental.

En cuanto a lo social, pues sí. ¡Ni qué decir! Poca gente parece realmente disfrutar de la compañía de Diva. Aunque nadie niega su gran capacidad, es poco divertida, parece no tener emociones, es fría, formal y distante. Algunos piensan que vive eternamente enojada, y aunque no necesariamente sea verdadero, cuando menos así lo parece a ojos de muchos. Si alguna persona intenta acercarse a ella, fácilmente descubre su hermetismo. Es poco expresiva, reacia a platicar sobre sí misma o a conectarse con sus emociones, poco dispuesta a mostrarse tal cual es, a dar a conocer sus deseos, preferencias y, menos aún, sus imperfecciones. Unos creen que su falta de comunicación tiene que ver con algo así como guardar sus secretos, como si pretendiera ocultar sus sentimientos a los demás, aunque otros piensan que, en esa necesidad de hacer siempre lo correcto, quizá ni ella misma se ha percatado de su sentir, de su anhelar.

Una cosa llama la atención en ella. Así como es sumisa a la autoridad, puede ser muy autoritaria con otros a quienes siente bajo su control. Con sus jefes puede ser paciente, ordenada, obediente, amable y educada; pero si no se vigila a sí misma, es capaz de sobrepasarse con sus subordinados, aferrándose a su posición. En tales casos, puede llegar a ser sumamente estricta e inflexible, demandante, e incluso un tanto cruel, hostil y con ciertos rasgos de sadismo. A pesar de todo, Diva es una mujer fuera de serie. Muy consciente, tanto, que a menudo intelectualiza demasiado, rayando en la aridez. Más que vivir y deleitarse de lo cotidiano, parece catalogar las experiencias, como si se ocupara en armar un archivo repleto de información. Valora inmensamente el conocimiento y parece aferrarse a él, como si fuera éste su única fuente de seguridad. Y es que en el fondo, aunque pocos lo saben, ella es bastante insegura. Quizás por ello mismo se esfuerza tanto en lograr una estructura. Algunos con cierto conocimiento de causa dicen que su analítico afán es más que nada un intento de evasión, una forma socialmente aceptable (aunque disfrazada) de alejarse de los problemas. ¿Será?

Si alguien fuera convidado a ir a su casa o se presentara allí sin invitación alguna, fácilmente advertiría su orden y limpieza. Nada parece estar fuera de lugar. Aunque, de haber podido fisgonear y observar el proceso en transcurso de realización, se sorprendería al ver la duda, la indecisión, la fuerte limitación que la mujer tiene para iniciar y terminar ciertas tareas. Por momentos parece buscar una exacta simetría, casi parece que no lograrlo la hace caer presa de la angustia. ¿Alguna necesidad neurótica, quizás? No obstante, también de pronto se le ve tomar decisiones impulsivas. Es como si a fuerza de tanto dudar, llegara el punto en que el impulso no puede resistir más, y opta por una alternativa cualquiera… que, con frecuencia, tiene indeseables consecuencias. No tan graves, quizá, pero sí inconvenientes y molestas. Porque si de algo se cuida Diva, es de meterse en problemas. Serios, ¡claro!, pues "emproblemada", siempre lo está.

Por otro lado, Diva es dada en coleccionar. Su hogar está lleno de objetos, pequeños, medianos, grandes. Uno pudiera pensar en esas ardillitas y otros animalillos que guardan provisiones para cuando pueden faltar. Tiende al acaparamiento; vive aferrada a sus posesiones. ¿Compartirlas con alguien? ¡Ni pensarlo! ¿Será por eso que nunca se ha querido casar? ¿Cómo saberlo? Lo cierto es que posee algunos rasgos de avaricia y mezquindad.

¿Cómo se comporta en su vida de pareja? Su experiencia en ese campo es escasa, pues francamente huye del amor. En el fondo siente que amar implica sumisión, estar sujeta a una obligación. Y siente que ya tiene suficientes obligaciones cotidianas como para desear involucrarse en otras más. Vive en la casa de su infancia, con su madre viuda. Y a pesar de que siente gran afecto por ella, a menudo se descubre presa de fantasías de agresión hacia su persona. Es como si oscilara entre una ambivalencia de sentimientos para con ella, unos amorosos y otros de odio, estos últimos inexplicables, según dice. Estas experiencias, por supuesto, le representan una fuente más de angustia y preocupación, pues tiende a verse a sí misma como una mala hija, indigna y sin valor. Pero luego, percatándose de lo mucho que hace por su madre, se visualiza bondadosa, generosa, paciente y servicial. De hecho piensa que pocas mujeres pueden presumir de contar con hijas tan maravillosas como ella.

En realidad, hacerse cargo de su madre le ha exigido gran fortaleza de su parte. No le resulta sencillo ocuparse de un trabajo que le implica tiempo completo y, por otro lado, hacer frente a los gastos derivados del personal de apoyo que requiere en casa para que el hogar siga funcionando durante su ausencia. Diva piensa que, de no haber sido suficientemente dura, la cantidad de demandas a las que se ve diariamente sometida hace tiempo la habrían hecho claudicar. A pesar de ello, en ocasiones su madre se queja de su aspereza y de su falta de ternura. Entonces Diva es capaz de suavizarse y de conmoverse… de "bajar la guardia", como quien dice. Pero como invariablemente esto la conduce a pasar por alto muchos de sus límites autoimpuestos, termina recriminándose y culpándose por sucumbir a la debilidad. De este modo, la culpa parece estar constantemente presente, ya sea por exceso o por falta de impulso, Diva parece nunca estar contenta.

Un aspecto que particularmente le preocupa es su precaria salud, pues a menudo sufre de malestares diversos que, en opinión de los médicos, son padecimientos autogenerados; es decir, que responden más a condiciones psicológicas que a enfermedades causadas por agentes externos. La sola sugerencia de esto por parte de los doctores ha ocasionado que Diva experimente hacia ellos un hondo rencor y resentimiento. La palabra "hipocondriasis", diagnóstico que amenaza con hacerse presente, le parece una horrible explicación.

¿Cómo aceptar que una persona de apariencia tan fuerte y controlada, sea capaz de provocarse sus propias enfermedades? Tan sólo pensar en dicha posibilidad la llena de una intensa vergüenza. Pero tiene éxito en esconder sus emociones. Fácilmente aparenta indiferencia, y esto es una característica que la define.

Si se halla abrumada por distintos problemas, oculta su condición a los demás. Si alguien le plantea alguna pregunta directa concerniente a su persona, no pierde oportunidad de hacer un rápido giro hacia la periferia, es hábil en eso de salirse por la tangente. Una pregunta concreta fácilmente se convierte en abstracción. Y en ese ámbito, Diva es capaz de todo género de disertaciones, cualquier maniobra le es útil para desviar la atención puesta en ella.

No obstante, con dificultad oculta su negatividad, y es que Diva es pesimista en demasía. Y para contrarrestar esta incómoda inclinación, suele llevar a cabo toda clase de rituales, lo que sea que pueda conferirle algo de serenidad y de paz, porque a menudo es presa de pensamientos intrusivos que, desde la perspectiva de muchos, podrían considerarse prohibidos y provocadores de culpa. Curioso ¿verdad?, que tras tanto control podamos encontrar semejante cascada de inenarrables diálogos interiores. O, ¿por qué no verlo de otra manera? Que tal vez Diva tenga motivos suficientes para estar llena de agresión, y en un afán de ocultar tan temibles sentimientos, haya armado un rígido escudo protector, que de buenas a primeras amenaza con venirse abajo, dejando al descubierto toda su hostilidad.

Quizá por ello muchos no se ponen de acuerdo sobre la verdadera naturaleza de Diva. Algunos la consideran agresiva; muchos otros, apacible… ¿o pasiva tal vez? ¿Será que en ocasiones oculta su hostilidad tras una aparente serenidad?

Trastornos afectivos mayores

El término trastornos afectivos mayores engloba un grupo de desórdenes clínicos que tienen como rasgo esencial y común una alteración en el estado de ánimo junto con una serie de problemas de pensamiento, motores, fisiológicos e interpersonales. Actualmente se les considera padecimientos en los que intervienen tanto factores genéticos como de la historia personal y familiar del individuo.

Cuando hablamos del estado de ánimo nos referimos a los estados emocionales sostenidos que dan color a toda la personalidad de un individuo. Así, por ejemplo, el estado de ánimo de una persona puede aparecer normal, exaltado o deprimido, y, en consecuencia, conducirlo a manifestar ciertos comportamientos característicos.

A modo de aproximación vivencial a los temas que nos ocuparán enseguida, piensa cómo sueles sentirte y comportarte en general, y luego contrasta este estado con el que experimentas cuando has logrado un gran éxito largamente esperado o, por el contrario, a lo que sientes cuando has sufrido una terrible decepción. Lo común es que en estado elevado tengas menos necesidad de dormir, sientas que tu autoestima llega hasta las nubes, y notes cierta sensación de grandeza y omnipotencia. En caso contrario, cuando tu ánimo está bajo, seguramente pocas cosas despiertan tu interés, pierdes el apetito, tienes dificultades para concentrarte y para relajarte, y muy posiblemente experimentes sentimientos de culpa y ganas de morir.

Todo ser humano puede sentirse así de pronto. Tómese el caso de un proceso de duelo que puede desarrollar un síndrome depresivo pleno, pero que, finalmente, da lugar a la resolución en un tiempo más o menos razonable. El problema se manifiesta cuando la persona parece quedarse "estancada" en dichos estados o va y viene entre la euforia y la depresión, "a capricho", como desposeída de sí misma, exhibiendo comportamientos que claramente distan de su estado normal.

La experiencia ha mostrado que las mujeres son más susceptibles de caer en depresión que los varones, en gran medida por los diferentes estreses a los cuales están sometidas, a la indefensión (o desesperanza) aprendida y a las variaciones hormonales.

En capítulos anteriores nos referimos ya a la distimia y a la ciclotimia. Éstos son trastornos afectivos menores que comparten —en pequeña escala— algunos de los síntomas de los trastornos afectivos mayores. La distimia, por su parte, hace referencia a un estado de ánimo deprimido; la ciclotimia se caracteriza por oscilaciones anímicas que pasan de estados depresivos leves a estados de exaltación poco elevados.

Los trastornos afectivos mayores, en cambio, implican uno o más episodios de alteraciones notables y persistentes del estado de ánimo depresivo o exaltado (eufórico o maniaco), claramente distintos del funcionamiento individual anterior. A partir de la sintomatología manifiesta, dan lugar a los diagnósticos siguientes: trastorno depresivo mayor, trastorno maniaco o trastorno bipolar.

¿En qué consiste específicamente la depresión mayor? En este trastorno, el rasgo esencial es el estado de ánimo depresivo, la alteración del pensamiento, incluidas la incapacidad para concentrarse y para tomar decisiones-, el sentir que se es el blanco de todas las miradas y comentarios ajenos, la pérdida del interés o del placer por casi todas las actividades habituales o por la sexualidad, las alteraciones del sueño –insomnio o hipersomnio con un despertar temprano–, las alteraciones del apetito, el cambio sorprendente de peso, la agitación o retardo psicomotor, la baja energía, el autorreproche, la culpa excesiva, el sentido de indignidad, la ideación suicida o de muerte y posibles intentos de suicidio.

Para el caso del trastorno maniaco, el rasgo esencial es un estado de ánimo elevado, expansivo o irritable asociado a hiperactividad; aumento de actividades profesionales y sociales, y participación en actividades riesgosas y en proyectos poco elaborados, con falta de consideración sobre las consecuencias de las propias acciones; lenguaje acelerado, locuaz, difícil de interrumpir, con cambio constante de ideas; elevada autoestima con delirios de grandeza y de poder prácticamente infinito; distracción; hipersexualidad y disminución de la necesidad de dormir. Es digna de mención la alteración peculiar que sufre el lenguaje, pues deja a un lado las consideraciones formales y lógicas del habla y ésta se torna fuerte, rápida, difícil de interpretar, inundada con rarezas, chistes, juegos de palabras y expresiones irrelevantes que en un principio pueden parecer divertidos. No obstante, conforme se incrementa el nivel de activación, el lenguaje va perdiendo calidad en sus asociaciones, incluye palabras inventadas y mezcla incoherentemente palabras y frases, provocando sospechas de una posible esquizofrenia (enfermedad que explicaremos más adelante), máxime en virtud de que ocasionalmente –en este estado– también pueden presentarse alucinaciones, ideas de referencia (sentirse aludido) y delirios, aunque un tanto distintos a los que ocurren en quien padece de esquizofrenia.

En el trastorno bipolar, como ya habrás imaginado, el individuo transita entre episodios maniacos y depresivos, a pesar de lo cual es imposible saber la duración que tendrá cada uno de ellos. Esto ha provocado que, más de una vez, los médicos supongan encontrarse frente a una depresión, cuando los síntomas depresivos no son más que una de las caras de la enfermedad bipolar. El diagnóstico equivocado puede dar lugar a que se opte por un tratamiento con antidepresivos, hecho que acelera la aparición de la manía, manifestándose así la enfermedad bipolar en su doble expresión.

Un trastorno afectivo mayor puede presentarse solamente con la sintomatología maniaca o únicamente con episodios depresivos, o bien, puede aparecer mixto con oscilaciones entre estados maniacos y depresivos respectivamente, razón por la cual se le ha dado en llamar trastorno bipolar, pues fluctúa entre dos polos anímicos opuestos.

Es importante mencionar que la utilización de ciertos medicamentos prescritos para tratar determinadas enfermedades orgánicas puede desencadenar respuestas maniacas, como ocurre en el caso de los esteroides. También las anfetaminas y cierto tipo de antidepresivos pueden iniciar un síndrome maniaco. En lo que se refiere a los episodios depresivos, éstos pueden surgir como consecuencia del alcoholismo, del trastorno de somatización –que ya analizamos– y de los trastornos ansiosos (incluido el trastorno de ansiedad de separación, propio de los niños).

Tratamiento

El tratamiento de los trastornos afectivos mayores es uno de los más gratificantes para el psiquiatra, pues lo habitual es que los pacientes respondan favorablemente y mejoren su estado anímico. Sin embargo, el terapeuta debe tener cuidado y estar siempre prevenido contra la posibilidad de suicidio, situación que puede ocurrir cuando la depresión empieza a ceder y el paciente se siente con más ánimos de llevar a cabo sus intenciones de muerte. Asimismo es fundamental valorar la necesidad de hospitalización cuando se hacen presentes una manía o depresión agudas, que ponen en riesgo no sólo al enfermo sino a otras personas a su alrededor.

Los medicamentos farmacológicos tienen como finalidad corregir las alteraciones y anomalías que aparecen en ciertas sustancias químicas en el organismo del enfermo, tales como los niveles de sodio y potasio, la dopamina, la adrenalina, la noradrenalina, la serotonina, la acetilcolina y el cortisol, entre otros. Sin embargo, no hay que pensar que los fármacos sustituyen el trabajo psicoterapéutico, pues los primeros tienden a atacar los síntomas orgánicos específicos de estos trastornos, mientras que la psicoterapia influye en los aspectos interpersonales y cognitivos.

Como antes vimos, hay ciertas estructuras de personalidad más vulnerables a la depresión que otras y, en función de esto, una psicoterapia cognitivo-conductual que propicie la modificación de los pensamientos, sentimientos y comportamientos derrotistas del paciente pueden mejorar su sentido de autoconfianza, sus conductas de autoafirmación, su motivación, su creatividad, sus defensas, y en general sus habilidades sociales con vistas a un mayor bienestar y a una mejor adaptación a su entorno.

En lo que respecta a los episodios maniacos, la psicoterapia deberá ir enfocada al aumento del autocontrol y la disminución de las conductas impulsivas.

Un caso de enfermedad bipolar

La siguiente historia se refiere al caso de un individuo que hace ocho años fue diagnosticado por un psiquiatra como paciente con enfermedad bipolar. Esto ha sorprendido grandemente a su esposa, quien comenta que su marido, durante su adultez joven y madura, siempre se distinguió por su ánimo marcadamente "exaltado". Por otro lado, sus trastornos afectivos han venido a complicarse con problemas orgánicos, pues aparentemente, ha sufrido dos infartos cerebrales. En la actualidad, su médico lo controla con fármacos. Conozcamos el relato.

Joaquín fue siempre un hombre muy activo, exitoso y con gran iniciativa en los negocios, además de confiado y seguro de sí mismo, arriesgado, animoso, entusiasta, activo y un tanto explosivo. Rocío, su esposa, reporta que, si bien alguna que otra vez llegó a verlo preocupado por los negocios, nunca lo vio taciturno o deprimido. De hecho, ella comenta que su marido, en general, evitaba abiertamente el sufrimiento y huía de situaciones dolorosas. Por ejemplo, era su costumbre organizar costosos viajes familiares, tras el deceso de algún ser querido cercano.

Por otro lado, es digno de mención el gran contraste que existe entre su exagerada seguridad y un pavor igualmente intenso que, desde su juventud, ha manifestado hacia los médicos. Rocío relaciona esta última ansiedad al hecho de que, en su niñez, sufrió frecuentemente en manos del dentista, pues no sólo tuvo serios problemas con su dentadura, sino que en la actualidad, todos sus dientes son postizos.

Previo a la visita al psiquiatra, hubo una serie de acontecimientos que no dejaron de preocupar a su esposa, como, por ejemplo, su exacerbado entusiasmo en eventos sociales. Ella cuenta un suceso que llamó particularmente su atención: el comportamiento de su esposo en la boda de uno de sus sobrinos. En aquella celebración, Joaquín se manifestó marcadamente eufórico, específicamente durante el baile. Su esposa comenta que esta conducta no tenía relación con la bebida, pues él, aunque tomó algunas copas, no ingirió tantas que explicaran su exagerado comportamiento. La fiesta fue amenizada con un sinfín de objetos que los miembros del conjunto musical obsequiaron a los comensales. Todos estos artículos sirvieron a Joaquín para molestar a otros invitados, pues los acosaba soplando "espanta suegras" o quitándoles su gorrito, y no había manera de detenerlo, aunque las otras personas o su esposa, incómodas, quisieran ponerle el alto y repetidamente le dijeran que ya había sido suficiente.

Un poco después de este evento, Joaquín tuvo que ser operado de las hemorroides. Cabe decir que él padeció de este problema desde treinta años atrás, pero su temor a los médicos y a cirugía siempre lo llevaron a buscar remedios caseros para aliviar sus molestias. Si finalmente aceptó someterse a esta operación, fue simplemente porque llegó el momento en que su malestar superó a su miedo. Rocío cuenta que el comportamiento que Joaquín tuvo durante su estancia en el hospital fue verdaderamente vergonzoso para ella, pues allí armó un escándalo y se traía "una pachanga" con las enfermeras. Ella solicitó consejo a un familiar médico, quien le recomendó acudir a un neuropsiquiatra muy calificado.

En razón de los síntomas reportados, el médico solicitó un electroencefalograma del paciente. Este estudio puso en evidencia señales de que Joaquín había sufrido, tiempo atrás, un infarto cerebral, sin poder precisar la fecha exacta. La esposa de Joaquín supone, aunque no tiene forma de corroborarlo, que esto ocurrió hace aproximadamente unos doce o quince años, época durante la cual su esposo estuvo sumamente estresado. En aquel entonces, él tenía casi sesenta años.

La década de los sesenta le fue especialmente difícil a Joaquín, pues murió el dueño de la constructora para quien trabajaba, y perdió su empleo. Con la experiencia acumulada por haber trabajado tantos años en el negocio de la construcción, quiso abrir una empresa semejante, pero las cosas no marcharon bien para él. Con fantasioso entusiasmo, realizó varias transacciones comerciales poco inteligentes, que le reportaron pérdidas económicas inmensas, poniendo en riesgo todo su patrimonio. Rocío se mostró enérgica y vio la manera de poner fin a tales acciones. Finalmente, hace seis años, Joaquín dejó de trabajar. Su mujer comenta que fue a partir de entonces cuando su esposo comenzó a manifestar depresión. Por fortuna para la pareja, durante la vida productiva de Joaquín, que además fue muy próspera, lograron adquirir varias propiedades que actualmente ella ofrece en renta, situación que les permite vivir con relativa holgura.

En el presente, hay momentos en que Joaquín se comporta con exagerada euforia, básicamente cuando alguien llama por teléfono o cuando acuden a alguna invitación. Entonces habla con un tono de voz marcadamente alto y gusta de bromear e importunar a los demás. En casa, sin embargo, se le ve apático, apagado y sin ninguna iniciativa. Hace unas semanas manifestó clara desconexión con la realidad: mientras veía un partido de futbol en la televisión, capturó la atención de su esposa diciendo que había muerto uno de los jugadores. Rocío acudió a su llamado y se sorprendió al ver cómo su marido le señalaba cada vez a una persona distinta (a un jugador rubio, a otro moreno, incluso a una mujer del público) conforme le decía "Mira, ése es el difunto".

Rocío telefoneó a su médico para reportarle lo que estaba ocurriendo, y él le solicitó llevarlo inmediatamente al consultorio por sospechar que Joaquín había sufrido un nuevo infarto cerebral que explicara su ruptura con la realidad. En el camino, Rocío presenció otros hechos que le confirmaron la desorientación y confusión mental de su esposo. Hacía comentarios incongruentes y poco faltó para que se bajara del coche, en medio del tránsito.

El doctor, quien es un hábil neuropsiquiatra, ha tenido que ir ajustando el tratamiento de su paciente con el paso de los días. Su objetivo primordial es disminuir los riesgos de cualquier tipo de daño para Joaquín o su esposa y mantener, en la medida de lo posible, la calidad de vida de la pareja.

Las cosas no han sido fáciles, sobre todo para Rocío. En la actualidad, sus vidas son notoriamente distintas a lo que siempre fueron. Ahora es ella quien se ocupa de administrar y cuidar el patrimonio familiar. Por otro lado, está pendiente por completo de su esposo, quien parece totalmente "ajeno" a cualquier preocupación. Hasta hace unas semanas, veía televisión la mayor parte del día, pero en el presente duerme casi todo el tiempo y prácticamente sólo se levanta para comer. Aun así, se niega a reconocer que está deprimido. No tiene conciencia de su enfermedad.

Afortunadamente Rocío ha tenido la inteligencia suficiente para acercarse a amistades y a otras personas de confianza conocedoras del tema, quienes han sabido escucharla permitiéndole desahogarse. También le han servido "de espejo", dándole la oportunidad de dialogar consigo misma, buscando las mejores respuestas. Esto le ha sido sumamente útil, pues se siente muy sola: tiene una pareja que dista mucho de parecerse a quien fue siempre su marido y de sobra sabe que la vida de ambos depende ahora de ella y de sus atinadas decisiones. ¡Claro!, sin dejar de reconocer el papel fundamental que el médico de su esposo ha ocupado en su historia.

ESQUIZOFRENIA

La pérdida del contacto con la realidad es el síntoma nuclear de cualquier psicosis, y, dentro de esta categoría, la esquizofrenia es la más trágica de todas las enfermedades mentales e incluso la más gravosa, desde el punto de vista de los costos directos de tratamiento, la pérdida de productividad y los crecientes gastos por asistencia pública.

La esquizofrenia es un padecimiento que resulta de una combinación de factores genéticos predisponentes que se unen a factores ambientales. Y aun cuando se ha encontrado que en las clases socioeconómicas inferiores hay un número mayor de personas que padecen esquizofrenia, todavía se desconoce si esto se debe a que el estrés social y económico que viven las clases inferiores se encuentra causalmente relacionado con la esquizofrenia, o si quienes padecen esta enfermedad tienden a descender en la escala social. De hecho, muchos de estos individuos, al no recibir tratamiento médico adecuado, acaban convirtiéndose en vagabundos. Y no sólo se ha observado una relación directa entre patología física y mental y la deprivación social, sino que también condiciones tales como el aislamiento (ya sea por migración u otras causas), la falta de redes sociales de apoyo y la complejidad de la vida en las sociedades altamente industrializadas, han conducido a acrecentar el problema. Por otro lado, el relativo éxito que han tenido los nuevos medicamentos antipsicóticos ha contribuido a aumentar los índices de matrimonio y fertilidad entre este tipo de pacientes, dando lugar a la multiplicación del padecimiento.

Lo característico es que las personas con esquizofrenia son incapaces de resolver sus conflictos personales y adaptarse a su ambiente. Este fracaso se explica, en parte, por su excesiva reactividad fisiológica ante cualquier ligero estrés. Incluso, las tareas cotidianas se les presentan como verdaderas amenazas. Ni qué decir lo abrumadoras que les resultan experiencias tales como la separación del hogar, el manejo de sus impulsos y el control de su ansiedad masiva. Su sensibilidad patológica los torna extraordinariamente vulnerables a todas las tensiones de la vida común. Aun así, la experiencia traumática que les resulta más significativa es el rechazo, sobre todo de los miembros de su propia familia.

¿Qué detona la enfermedad? Como apuntamos, debe existir una predisposición genética a padecerla, aunque es posible detectar ciertos disparadores en la forma de pérdidas, decepciones, maltrato o abuso de diversa índole, y no debemos dejar fuera las experiencias con drogas, que definitivamente pueden iniciar la enfermedad en personas ya de por sí vulnerables. Por lo general, la edad de su aparición ocupa un lapso que va desde los 15 hasta los 25 años.

Con respecto a la reactividad fisiológica propia de estos pacientes, es importante hacer alusión a la hipótesis de la dopamina, en virtud de la cual el aumento (o la disminución) de dicha sustancia en las conexiones neuronales da lugar a los distintos síntomas del trastorno. En relación con alteraciones anatómicas, también se ha encontrado que el cerebro de algunos pacientes esquizofrénicos presenta cavidades de mayor volumen que lo normal. Y en cuanto a la fisiología, se han detectado disminuciones en el funcionamiento de la corteza frontal y temporal. Por otro lado, se ha encontrado que los movimientos oculares que efectúan estas personas al seguir visualmente los objetos presentan variaciones con respecto a las aproximaciones que se consideran "normales", y se piensa que estas alteraciones pueden estar relacionadas con los mismos factores que dan origen a la esquizofrenia. Aunado a lo anterior, se ha visto que los pacientes con esta enfermedad tienen dificultades para atender selectivamente, para percibir estímulos redundantes o múltiples, y para procesar señales y otro tipo de información tan rápidamente como lo hacen las personas normales.

Entre los especialistas se dice que la esquizofrenia es un término que engloba una serie de trastornos caracterizados por una desorganización en las áreas laboral, social o de autocuidado. Otros síntomas son la presencia de delirios de distinto tipo –de grandeza, de control (piensa que controla a los demás o que es controlado por ellos), de persecución–, alucinaciones, fundamentalmente auditivas, ideas de referencia (el paciente asegura que otros hablan de él) y alteraciones en su pensamiento, a partir de una lógica propia. También es común el retraimiento social, la tendencia a responder brevemente –de preferencia con monosílabos–, así como a repetir lo que se le ha dicho (ecolalia) o a imitar movimientos y gestos de la persona a quien observa (ecopraxia). A menudo hay presencia de manierismos o tics, conducta estereotipada –ya sea en cuanto a formas repetitivas de movimientos, gestos o frases– y, en algunos casos, empleo de palabras nuevas (neologismos) y lenguaje "rimbombante".

Con respecto a sus emociones, es característico de la esquizofrenia la baja intensidad emocional, la indiferencia, la apatía e incluso la incapacidad de experimentar emociones agradables (anhedonia). Un síntoma prácticamente definitorio de la esquizofrenia lo constituyen las respuestas inapropiadas que manifiestan disociación del afecto en relación con el contenido de pensamiento: la persona puede reírse al momento de narrar episodios dolorosos o trágicos.

Es importante distinguir entre síntomas positivos y negativos de la esquizofrenia. Los primeros (delirios, alucinaciones, agitación, ideas de referencia), aunque más notorios, son más susceptibles al tratamiento que los síntomas negativos. Estos últimos (afecto embotado, autismo, aislamiento social, retraimiento y pérdida de la iniciativa), aun cuando suelen pasar más inadvertidos por resultar menos "alarmantes" en apariencia, no ceden tan fácilmente al tratamiento farmacológico y, para el clínico entrenado, son claros indicadores de enfermedad. De hecho, predominan en los pacientes con enfermedad más grave y con pronóstico menos favorable.

En general, se puede afirmar que los síntomas nucleares de la esquizofrenia son las alucinaciones auditivas, la indiferencia afectiva, la alienación del pensamiento, los pensamientos que se experimentan como expresados en voz alta y los delirios de control. Como ya dijimos, este concepto agrupa una serie de trastornos que comparten ciertos síntomas comunes. Dependiendo del subtipo específico de padecimiento, los enfermos podrán manifestar en mayor o menor medida lo siguiente: conducta desinhibida; gestos y muecas incongruentes; conducta tonta o ridícula; pérdida gradual e insidiosa de la motivación, del interés, de la ambición y de la iniciativa; aislamiento; fracaso escolar; abandono del trabajo; dormir hasta tarde y pasar la noche en vela; molestias somáticas (que a menudo son diagnosticadas como pereza); explosiones violentas ante trivialidades; depresión y euforia.

Con respecto al curso de la enfermedad, los pacientes con mejor pronóstico son aquellos que, previo a la crisis, han funcionado razonablemente bien en las áreas social, sexual, ocupacional y de pareja. En este último aspecto, para aquellos con sólidos lazos interpersonales, las expectativas son más prometedoras que para quienes viven solos. De la misma manera, la presencia de rasgos depresivos ofrece mejores perspectivas que el retraimiento emocional sostenido o las respuestas afectivas indiferentes o inapropiadas, pues manifiesta su capacidad de experimentar sentimientos, aun cuando éstos sean dolorosos.

Referente a la vida familiar, quienes viven en familias con altos niveles de tensión, tienen más probabilidades de recaída que aquellos cuyas familias son más tolerantes y relajadas. Aun así, la cooperación del paciente es fundamental. Mientras mayor adherencia muestre al tratamiento y mejor se apegue a las instrucciones del médico, más probabilidades tendrá de prevenir crisis futuras. Esto es fundamental, pues con cada recaída, más se va deteriorando su personalidad.

En general, no es una labor sencilla conectarse con este tipo de individuos, pues se relacionan con dificultad, evitan la cercanía y se muestran suspicaces, angustiados o incluso hostiles cuando se insiste en establecer una relación con ellos. Lo más conveniente es guardar una prudente distancia, haciendo uso de las convenciones sociales más que de un trato amistoso o informal, aunque en el contexto psicoterapéutico, lo ideal es una actitud fraternal y flexible, que dé lugar a otro tipo de interacción más cercana y familiar.

Tratamiento

Aun cuando el tratamiento de elección para la esquizofrenia lo constituyen, en definitiva, los fármacos, éstos nunca serán un remedio completo, pues se hace necesario el apoyo familiar, fundamentalmente, brindando al paciente un ambiente tranquilo, ordenado y con estímulos controlados que le permitan afianzar y mantener sus mejoras. A este respecto, hay que reconocer la invaluable orientación psicoeducativa que distintos grupos ofrecen a estas familias. Por otro lado, para el enfermo es ideal contar con un grupo psicoterapéutico de apoyo en donde conviva con otros pacientes, mientras recibe orientación acerca de sus planes inmediatos en relación con alguna actividad práctica recreativa o de trabajo, la resolución de problemas de la vida real, el manejo de sus relaciones sociales y laborales, la identificación y comprobación de la realidad, la sensibilización con respecto a la importancia de su cooperación con el tratamiento farmacológico y la discusión sobre los efectos de los medicamentos. Asimismo resulta de suma utilidad proporcionar a estos pacientes entrenamiento cognitivo-conductual, a fin de moderar sus pensamientos irracionales, reducir la frecuencia de sus comportamientos extraños y molestos, y aumentar su conducta adaptativa y normal.

Con respecto a los efectos de los medicamentos antipsicóticos, lamentablemente una buena parte de los medicamentos utilizados para combatir los síntomas positivos de la esquizofrenia conllevan efectos secundarios parecidos a los síntomas de la enfermedad de Parkinson, como pueden ser los siguientes: pérdida del movimiento (acinesia), rigidez, temblor, inquietud e incapacidad para permanecer sentado (acatisia) y otros movimientos musculares anormales. Asimismo, la utilización a largo plazo de algunos de estos medicamentos puede conducir a movimientos involuntarios de los músculos faciales y de las extremidades (discinesia tardía). Por otro lado, los avances de la medicina actual han permitido a los laboratorios desarrollar medicamentos que, cuando menos en algunos pacientes, logran aliviar síntomas tanto positivos como negativos, a la vez que disminuyen su retraimiento y aumentan su socialización. Y aun cuando los trastornos psicóticos son verdaderamente severos, es una fortuna saber que la investigación farmacológica se ocupa todos los días en encontrar nuevos y mejores medicamentos que permiten controlar algunos de sus síntomas, de manera que los enfermos puedan tener una mejor calidad de vida. No podemos negar el inmenso papel que juegan los factores genéticos en la irrupción de la enfermedad psicótica; no obstante, nada impide que podamos crear entornos racionales, comprensivos y cálidos, a fin de propiciar una mejor comunicación con los enfermos y, en la medida de lo posible, favorecer en ellos una mayor objetividad.

Conozcamos ahora la historia de un joven y su familia, quienes desde hace más de una década, han tenido que enfrentar la difícil realidad que acompaña a esta enfermedad.

Nacho es un joven de treinta y cuatro años que padece esquizofrenia. Su madre comenta que, en el fondo, desde mucho tiempo atrás sospechó que había algo extraño en su hijo, aunque no sabía a ciencia cierta de qué se trataba. Confiesa que, quizás, en aras de no complicarse la vida y de no enfrentar un posible problema, hizo a un lado sus inquietudes, sin detenerse mucho a pensar en ellas.

La señora describe a su hijo como un chico encantador hasta los trece o catorce años, tiempo durante el cual se mostró alegre, bromista, de risa fácil, agradable y cariñoso. En el presente, tratando de encontrar alguna explicación sobre el origen de la enfermedad del joven, Regina, su madre, reporta un par de eventos escolares que, desde la óptica materna, definitivamente lo marcaron. Independientemente de ello, y por doloroso que le resulte aceptarlo, también se cuestiona si dichos acontecimientos no estarían relacionados con un incipiente trastorno en su hijo, y sólo hayan actuado como disparadores de un problema, ya latente y un tanto encubierto en él. El caso es que cuando Nacho cursaba la secundaria, fue víctima de hostilidades por parte de algunos de sus maestros. En cierto sentido, Regina se culpa a sí misma por no haber advertido la repercusión que tales hechos tuvieron en la vida de su hijo. No obstante, reconoce que para un chico mentalmente sano, el significado de dichos incidentes muy probablemente no hubiera sido tan trascendente como resultó serlo para Nacho.

Con respecto a las agresiones sufridas en la escuela, Regina se siente un tanto responsable por algunas de ellas. Confiesa que, por descuido, compró para su hijo un pantalón con el color reglamentario del uniforme escolar, pero con un corte distinto. Este motivo bastó para que uno de sus maestros se ocupara de etiquetarlo, llamándolo "Pachuco" (moda de vestir, propia de los años cincuenta, impuesta en México por Tintán). En aquel tiempo, Nacho jamás informó a sus padres sobre estos abusos. En la actualidad, reconstruyendo la historia de su hijo, la señora comenta que quizá, desde entonces, Nacho empezó a manifestar actitudes que luego le fueron características: inseguridad y sumisión, máxime ante las hostilidades ajenas. Llegó el momento en que era común en él recibir las críticas en silencio, soportándolas sin quejarse, sin expresar molestia alguna y con resignación. Sin embargo, eso no implica, de ninguna manera, que tales experiencias dejaran de afectarlo profundamente.

Hoy en día el joven confiesa que, desde aquel tiempo al igual que en el presente, se sentía devaluado y poco capaz, aunque –en opinión de su madre– era muy inteligente. En casa ayudaba a su hermano menor con sus tareas escolares y era especialmente brillante en materias tales como física, química y matemáticas. Al parecer, como consecuencia de las hostilidades de su profesor, en la escuela, Nacho empezó a desarrollar una actitud pasiva y acomodaticia, esforzándose sólo lo suficiente para no reprobar, pero sin interés por desempeñarse en toda su capacidad. En apariencia se puso en marcha "un juego de poderes" entre maestro y alumno. El profesor continuaba llamando "Pachuco" a su pupilo, y continuamente le decía que se encargaría de evitar que pasara a la preparatoria. Por su parte, Nacho se prometía a sí mismo que jamás le proporcionaría semejante gusto.

Un segundo evento desafortunado para Nacho ocurrió unas semanas antes de su graduación de tercero de secundaria, con motivo del festival de fin de año. Todo el alumnado de la escuela estaba presente en el auditorio ensayando la celebración. La directora, quien dirigía personalmente el ensayo, se sentía sumamente estresada y había amenazado a los chicos con castigar cualquier mal comportamiento, esperando con ello obtener su cooperación. Nacho solicitó permiso a su maestro de grupo para ir al baño. Lamentablemente, al abrir la puerta para salir del auditorio, no contó con que el ruido del exterior interferiría con el ensayo, perturbando a la maestra. Ésta perdió su compostura, exageró el hecho, culpó y ridiculizó al chico delante de todos y lo expulsó definitivamente de la escuela, a escasas tres semanas de los exámenes finales. Al día siguiente de este suceso, Regina intentó acercarse a la Dirección Escolar para hablar con la maestra, pero ella la evitó argumentando que estaba muy ocupada. No levantó el castigo del muchacho, aunque le permitió presentar sus exámenes, todos los cuales aprobó. En retrospectiva, la señora lamenta no haber sacado al resto de sus hijos de la escuela, como un gesto de protesta contra la actitud irracional de la directora y, más que nada, como un acto de apoyo para Nacho, quien, una vez graduado de la secundaria, comenzó a cursar la preparatoria en otra institución.

Regina reconoce, sin embargo, que ya se había echado a andar un patrón de comportamientos irregulares y poco racionales en su hijo, situación que provocó que, otra vez, fuera expulsado de la nueva escuela, a pocos meses de haber iniciado sus estudios de preparatoria. De otra suerte, ¿cómo explicar que una mañana, en lugar de entrar al colegio, haya optado por irse con sus amigos a tomar cerveza? El hecho fue que, mientras el resto de los compañeros asistían a la primera clase de la jornada escolar, Nacho y sus amigos fueron a comprar unas cervezas que, cínicamente, se dedicaron a consumir en la acera, frente a la escuela. No es de extrañar que cada uno de los muchachos implicados haya sido expulsado del plantel y convocado a someterse a una psicoterapia grupal. Nacho sólo estuvo dispuesto a asistir un par de veces a dicho grupo terapéutico y se negó a continuar.

Varias situaciones influyeron en el curso de los acontecimientos que se sucedieron. Por un lado, a la sazón el padre de Nacho estaba viviendo en provincia, lejos de la familia. Unos meses antes, en común acuerdo con su esposa, había aceptado un puesto de trabajo en otra ciudad, buscando mejores oportunidades económicas para sostener a su familia. Regina, por su parte, no sólo había iniciado un pequeño negocio en casa, sino que se había inscrito en la universidad. Tras muchos años de dedicación a su familia, finalmente se sentía libre y dueña de su tiempo. Si bien en el pasado dedicó las tardes a sus hijos mayores ayudándoles a hacer sus tareas escolares, su vida cambió una vez que se convirtió en estudiante. Ahora se sentaba ante la mesa del comedor a realizar sus lecturas y ensayos, mientras su hijo menor atendía sus propios deberes escolares. Al momento de verse enfrentada al problema de la expulsión de Nacho, la señora procuró resolver la situación de la mejor manera que creyó posible. Lo inscribió cuanto antes en otra preparatoria, una escuela pequeña cercana a su casa. Allí el chico adquirió nuevas amistades: muchachos que compartían historias de reprobación escolar –varios de ellos "intelectualoides"–, que se dedicaban a "filosofar" y a "cuestionar" el sentido de la vida y del mundo. Años después, el joven confesó a su madre que ya desde aquel entonces –al igual que le ocurre ahora– encontraba difícil seguir el discurso de sus amigos. Le costaba trabajo concentrarse en su conversación y comprender el contenido de su lenguaje. Se sentía poco inteligente e incapaz de externar opinión alguna. Asimismo, reconoce, a los diecisiete años comenzó a experimentar con mariguana.

Regina manifiesta haber vivido al margen de todas estas malas experiencias de su hijo. Reconoce que en aquel tiempo, su agenda estaba saturada. Atendía a su familia, manejaba un pequeño negocio de embutidos y se empeñaba por cumplir con sus obligaciones en la escuela. Declara no haberse percatado de que Nacho se estuviera refugiando en las drogas, aunque, por otra parte, sí advertía ciertas anomalías en la conducta de su hijo. Lo veía apartado y silencioso, se daba cuenta que prefería dormir antes que comer, y alguna vez se percató de que tenía los ojos muy irritados. ¿Ignorancia?, ¿negación? El asunto es que nunca relacionó estos hechos con que su hijo estuviera consumiendo mariguana.

Cuando Nacho terminó la preparatoria, expresó interés por estudiar etnología. Una vez que ingresó a la universidad, su afección por la mariguana se incrementó. Su mutismo se quedó atrás y dio paso a una franca rebeldía. Madre e hijo discutían con frecuencia. Este último se mostraba oposicionista, retador, incluso hiriente. Regina sólo recuerda una ocasión en que el joven manifestó arrepentimiento y le pidió perdón por su conducta. En poco tiempo abandonó la escuela. Manifestó que no se sentía a la altura de sus compañeros, no lograba entender las lecturas asignadas ni entendía lo que sus maestros exponían en clase. Mientras tanto, los crecientes problemas entre madre e hijo llevaron a los cónyuges a optar por que Nacho se fuera a vivir con su padre. Decidieron que esto era lo mejor, pues el hijo menor aún no había terminado la primaria y a Regina le faltaban unos meses para concluir sus estudios universitarios. En ese momento no les pareció prudente que toda la familia cambiara de residencia.

La madre comenta que, con cierta distancia de por medio, su relación con Nacho mejoró. Hablaban frecuentemente por teléfono, y él se atrevió a compartirle algunos fenómenos que había empezado a experimentar desde algún tiempo atrás, como fueron los hechos de escuchar voces y ver imágenes inexistentes en las paredes. Estas irregularidades, "aparentemente", no preocupaban al muchacho, pues las confesó a su madre con un tono de voz un tanto divertido. Ella, a pesar de no tener claro el origen de tales experiencias, pensó que manifestaban algo anormal y quiso participar a su esposo de su inquietud, pero éste opinó que su hijo intentaba manipularlos.

Días más tarde, Nacho pidió permiso a su padre para invitar a sus amigos a la alberca y áreas comunes del condominio donde vivían. Con la mejor de las intenciones, el señor solicitó el consentimiento de la administradora, a fin de que su hijo realizara tal reunión. Sin embargo, las cosas se salieron de control. Los jóvenes estuvieron bebiendo cerveza, y empezaron a comportarse de un modo tal, que varios de los vecinos presentaron sus quejas en la administración. Esto motivó que el padre de Nacho recibiera una llamada en su oficina, solicitándole que acudiera para hacerse cargo de la conducta irresponsable de los chicos. Cuando el señor llegó a la casa, despidió a los invitados y llamó seriamente la atención a su hijo. Él aceptó su error y pidió perdón, pero el incidente no terminó allí, pues a los pocos días, tras escribir una carta –prácticamente incomprensible– para su padre, el muchacho huyó de casa. Con este motivo, la familia entera vivió horas de intensa agonía, pues durante muchas horas no tuvieron noticias sobre el paradero del chico, hasta que un par de días después, agotado, se presentó en casa de su madre.

Lo que sucedió a partir de entonces fue tratar de comprender y enfrentar una nueva realidad familiar. Regina acudió a un médico amigo, quien sugirió consultar a un psiquiatra. A pesar de ello, su marido persistió en creer que su hijo los estaba manipulando, y que únicamente requería mano dura. Transcurrieron muchos meses, consultas con varios especialistas y diversos estudios médicos, antes de que la pareja conociera el diagnóstico del joven. Nacho supo de su problema antes que sus padres. Al parecer, uno de los médicos consultados ya había indicado al chico el nombre de su padecimiento, y Nacho, por propia iniciativa, se había informado sobre su enfermedad. Lo sorprendente es que nunca hubiera hablado de ello con sus padres, para quienes la noticia resultó un golpe terrible.

Una vez bajo tratamiento psiquiátrico, Nacho comenzó a recuperarse y mostró interés por volver a la universidad. El médico anunció que, debido a su enfermedad, difícilmente podría concluir sus estudios. No obstante, los esposos decidieron que era momento de que la familia se reuniera, y Regina, acompañada por Nacho y por el menor de sus hijos, se mudó a vivir con su marido, dejando a la abuela paterna y a los dos hijos mayores en la capital. Los cuatro juntos vivieron diez años en provincia. Durante aquel tiempo, Nacho inició y terminó la carrera de comunicación, su hermano cursó la secundaria y la preparatoria, y su madre continuó expandiendo su negocio de embutidos. Fueron momentos relativamente tranquilos para la familia. Nacho se mostraba estable, y su médico decidió bajar la dosis del medicamento que le estaba administrando. Lamentablemente, poco tiempo después, el joven inició una tormentosa relación con una joven divorciada, madre de una hija, y los altibajos emocionales que experimentó con motivo de dicho noviazgo, amenazaron nuevamente su precaria salud. Lo peor ocurrió cuando la mujer rompió el compromiso. Fue entonces cuando se exacerbó la enfermedad del joven, y el médico se vio en la necesidad de incrementarle el medicamento. Para contribuir al malestar familiar, el padre simultáneamente perdió su empleo, con lo cual el estado anímico de todos se vio doblemente afectado. Después de varios intentos fallidos por obtener otro trabajo, el señor decidió que lo mejor era regresar a vivir a su antiguo hogar y buscar allí una nueva forma de ingreso.

A pesar de los malos momentos, la familia empezó a cosechar varios éxitos, pues el pequeño negocio que Regina había iniciado muchos años atrás, empezó a rendir sus frutos. Apoyada por su esposo, el comercio creció a tal grado, que se convirtió en la principal fuente de la economía familiar. Por otro lado, dio a la pareja la opción de generar un modo de ingreso para Nacho, pues el joven, finalmente, comenzó a trabajar con sus padres. Adicionalmente, Regina buscó un grupo de ayuda especializada, y junto con su esposo, recibió orientación para conocer mejor la enfermedad de su hijo, ajustar sus expectativas, aprender a comunicarse mejor con él, y establecer en casa límites realistas para su comportamiento inadecuado. La señora comenta que dicho grupo les representó un gran rayo de esperanza, y que tanto ella como su marido, más adelante decidieron integrarse como voluntarios para entrenarse en la orientación de otros padres de familia, que estuvieran enfrentándose a problemas similares a los que ellos han vivido a raíz de que Nacho manifestó su enfermedad.

Las cosas no han sido fáciles para la familia, pues Nacho tiene sus altas y bajas, y en ocasiones hay que hacer esfuerzos sobrehumanos para no desesperar. Sus padres han aprendido que un rasgo común en estos enfermos es negarse de pronto a persistir con su medicación, y pueden anticipar que esta actitud es el presagio de nuevas crisis. Estos hechos, junto con otros más, han conducido a que la pareja haya optado por construirse sólidas redes de apoyo. Por un lado, se mantienen activos en la asociación que, unos años atrás, les confirió un cierto alivio. Esta situación les permite, además, estar al día en temas propios de la psiquiatría. Por otro lado, no cesan de idear formas alternativas de terapias ocupacionales o artísticas para su hijo y otros muchachos que, como él, han presentado conflictos psicóticos relacionados con el consumo de drogas. Adicional a lo anterior, procuran afiliarse con personas positivas y, en la medida de lo posible, se las arreglan para concederse momentos de sana diversión y esparcimiento. En el presente, Regina se ha hecho miembro de un grupo asiduo a distintos museos, y asiste con cierta regularidad a distintos eventos culturales.

No queremos dar la impresión de que los problemas son sencillos de capotear. Aunado a la enfermedad de su hijo, el negocio familiar, que representa su patrimonio, no ha podido escapar de las medianas y grandes crisis que suelen aquejar a todo comercio. Y, para contribuir al cuadro, los cuidados que requiere la abuela, ahora de 83 años, aportan una dosis más de ansiedad a la atmósfera familiar.

Gracias a la preparación que la pareja se ha procurado, ambos esposos están conscientes de que, a la par de los medicamentos psiquiátricos que su hijo recibe, el clima afectivo del hogar influye definitivamente en su equilibrio emocional, razón por la cual continuamente buscan la manera de resolver los conflictos familiares con armonía. Cuando los problemas se acrecientan y amenazan con romper su bienestar, marido y mujer buscan a toda costa la forma de mantener su estrés dentro de límites razonables, a fin de evitar tensiones innecesarias en el hogar. Nadie puede afirmar que esto sea simple. En realidad, exige porciones extraordinarias de amor, disposición y buena voluntad. No obstante, por experiencia saben que la salud de su hijo repercute en la satisfacción de todos y, por el bien familiar, piensan que cualquier esfuerzo vale la pena.

La fortaleza psicológica

Antes de abordar propiamente algunas formas de psicoterapia que actualmente —en forma adicional a la farmacología— han ganado aceptación en el tratamiento psicológico de la enfermedad mental, nos parece necesario redundar en la labor preventiva que las familias y las escuelas pueden llevar a cabo con el propósito de fomentar la salud emocional y el pensamiento racional en sus miembros. De lo se trata es de combatir la fragilidad psicológica, pues ésta es la base de la susceptibilidad individual a padecer trastornos emocionales y mentales. Y si bien, en la conformación de una personalidad hay muchos factores que escapan de nuestro control, hay otros más, sobre los cuales sí podemos influir: la tonalidad afectiva del entorno emocional que brindemos a nuestros hijos y estudiantes.

Comencemos por señalar, nuevamente, algunos de los rasgos de personalidad que predisponen a la enfermedad mental —condición que los especialistas denominan personalidad premórbida—. Una de las características de estas personas es su baja autoestima, juicio que las torna inseguras en cuanto a sus capacidades y su sentido de valía personal; además, cuentan con pocas estrategias de afrontamiento para resolver sus problemas, hecho que provoca no sólo que se sientan frecuentemente abrumadas por las dificultades, sino que disminuyan sus posibilidades de actuar en forma adecuada; asimismo, suelen distorsionar la realidad, limitando su objetividad; también tienen poca energía, baja motivación y dificultades de relación, las cuales comúnmente las llevan a fracasar en el medio escolar, social y laboral.

El psicoanalista francés Jean Lemaire (1986) ha desarrollado ampliamente el tema de la fragilidad psíquica en su obra *La pareja humana*. En su opinión, un individuo psíquicamente frágil carece de recursos, hecho que lo torna incapaz para resolver los distintos problemas que la vida le presenta. Por otro lado, le faltan la energía y la motivación suficientes que le permitan iniciar actividades, persistir ante los obstáculos y alcanzar sus metas. En el fondo, teme desmoronarse, por lo que vive defendiéndose, intensamente preocupado por la opinión ajena; su sentimiento de vulnerabilidad y su temor a ser destruido (o incluso conocido), lo llevan a acorazarse y a ocultarse tras de una aparente insensibilidad. Se siente víctima de los demás y distorsiona –a su conveniencia– cuanto ocurre a su alrededor. Vive centrado en sí mismo y en su bienestar; es demandante y posesivo, pero sus demandas son insaciables e imposibles de cumplir, ocasionándole permanente insatisfacción; es incapaz de entablar relaciones profundas y duraderas de calidad, menos aún de compromiso alguno; busca el aplauso constante; siente que nadie lo merece y odia a todos; siente que no puede vivir sin ser amado, pero no tiene claro qué es el amor; busca la felicidad de manera equivocada y causa infelicidad a los demás a su alrededor, privándose del amor del que está sediento.

No es nuestra intención señalar a nadie, pero sí es despertar la conciencia del lector hacia actitudes y comportamientos propios –o de las generaciones a su cuidado–, que son indicadores de que se ha estructurado o que está en proceso de estructurarse una personalidad vulnerable, que difícilmente sabrá relacionarse armoniosa y productivamente consigo mismo y con los demás. Lo que pretendemos en última instancia es facilitar un conocimiento que apunte hacia la detección de ciertos rasgos que ameritan atención, y estimular el deseo de transformarlos, con miras a crear una sociedad caracterizada por su buena salud mental.

Habiendo hecho esta aclaración, volvamos a las descripciones de las personalidades premórbidas y de las personas con fragilidad psíquica ya expuestas. ¿Adviertes alguna similitud entre ambas? Y, más que eso, ¿cómo piensas que debe ser un proceso educativo que pretenda formar personas que a lo largo de su vida logren ser mentalmente sanas, productivas, optimistas y felices? Es una realidad que no todo es factible de control; lo hemos reconocido más de una vez en distintas partes de esta obra. Pero hay muchos factores que son susceptibles de aprendizaje, como por ejemplo, nuestro estilo personal de comunicación, que puede estar provisto de más o menos racionalidad. También está el asunto de las defensas que solemos utilizar, las cuales, aun cuando en principio son inconscientes, pueden llegar a ser advertidas y, con mucho esfuerzo, modificadas.

Ya hemos explicado que nuestra personalidad se define, entre otros aspectos, a partir de lo que cada uno de nosotros hace con la ansiedad, pues hay distintas formas de enfrentarla, algunas más maduras que otras. Éste es un tema que los psicoanalistas denominan "mecanismos de defensa". En lo particular, George Vaillant, psiquiatra y psicoanalista norteamericano de la Universidad de Harvard, se ha ocupado del estudio de este tema, y mediante el seguimiento a largo plazo de una serie de personas, ha distinguido los mecanismos preferidos, en razón del mayor o menor nivel de salud mental de los individuos que los utilizan.

Los mecanismos de defensa (o estrategias de afrontamiento) son procesos psicológicos automáticos que manifiestan modos particulares que tenemos de enfrentar nuestros conflictos emocionales, negando, falsificando o deformando la realidad. Constituyen formas inconscientes de pensar y de actuar que conforman nuestro propio sentido de lo real, protegiéndonos de la ansiedad proveniente de situaciones amenazantes externas (por ejemplo, experiencias vergonzosas) o internas (como recuerdos desagradables).

Y al igual que nos hemos referido a la salud mental como un continuo, las defensas pueden ser clasificadas en menos o más maduras, colocando en el extremo menos saludable a las defensas propias de las psicosis, pasando enseguida por las defensas inmaduras y, un poco más adelante, por las neuróticas, hasta llegar a aquellas que los especialistas consideran las más saludables o maduras.

La función de los mecanismos de defensa es permitirnos mantener el equilibrio psicológico. Sin embargo, cuando resultan insuficientes, no nos salvan de experimentar estrés, ni de manifestar distintas respuestas neuróticas tales como la ansiedad y/o la depresión, que frecuentemente se acompañan de disfunciones biológicas, pérdida del sueño o del apetito, enfermedades psicosomáticas, etc. También pueden dar lugar a otras conductas más severas como el suicidio y los delirios.

Cuando intencional, empeñosa y sinceramente empezamos a cuestionar nuestra percepción con miras a adquirir mayor objetividad, es común que comencemos a dudar de una buena parte de las creencias conforme a las cuales hemos guiado la propia vida. ¿Por qué no aprender a detectar nuestras propias defensas? Y luego ¿qué nos impediría sustituirlas por otras más maduras? Y, más adelante, ¿cuál sería la mejor manera de enseñar esto a nuestros hijos y estudiantes?

En primer lugar citaremos, de menos a más saludables (del 1 al 7), las defensas que reconoce la Asociación Psiquiátrica Americana en la versión IV de su Manual *Diagnóstico y estadístico de los trastornos mentales* (1995). Más adelante describiremos brevemente cada uno de dichos mecanismos. Al respecto, es importante recalcar que aun cuando estas maniobras de afrontamiento son inconscientes, nos es posible aprender a detectarlas. Más difícil, en cambio, es modificarlas, aunque no del todo imposible.

1. Las defensas más inmaduras (o patológicas) son las denominadas psicóticas, entre las cuales encontramos la distorsión psicótica, la negación psicótica y la proyección delirante, las cuales explicaremos más adelante.

2. Le siguen el acting out, la agresión pasiva, la queja y rechazo de ayuda y la retirada apática, que también abordaremos.

3. Un poco más adelante, es decir, como manifestación de mayor madurez, descubrimos la fantasía autista, la identificación proyectiva y la escisión.

4. A estas defensas les siguen la negación, la proyección y la racionalización.

5. Después aparecen la omnipotencia, la devaluación y la idealización.

6. Tras ellas, la anulación, el aislamiento, la disociación, el desplazamiento, la intelectualización, la formación reactiva y la represión.

7. Por último, en el extremo más sano o maduro, hallamos la anticipación, el altruismo, el sentido del humor, la supresión y la sublimación (y tres más: autoobservación, afiliación y autoafirmación, de las que hablaremos en el capítulo siguiente).

A reserva de explicar cada uno de estos mecanismos un poco más adelante, el cuadro que aparece a continuación seguramente te servirá para ubicar estos conceptos en razón de su menor o mayor madurez.

Con respecto a las defensas psicóticas, aunque hacen tolerable la realidad a quien las utiliza, a ojos de los demás son manifestaciones de locura, a menos, claro, que aparezcan en los niños pequeños, quienes suelen emplearlas con frecuencia. Por lo que se refiere a las adaptaciones inmaduras, éstas son esenciales en los últimos años de la infancia, aunque si el desarrollo emocional es saludable, lo común es que se vayan desvaneciendo con el advenimiento de la madurez. De esta manera, muchas personas que en su adolescencia utilizaron regularmente defensas inmaduras, en su adultez manifiestan mayor propensión a emplear defensas maduras, en razón de cuatro a una. Esto es lo esperado, si el desarrollo emocional y mental del individuo sigue un curso adecuado.

La *distorsión psicótica*, la *negación psicótica* y la *proyección delirante*, propias de las psicosis, se refieren a los *delirios* y las *alucinaciones* de los cuales ya hablamos al abordar el tema de la esquizofrenia. Si recordamos que quienes padecen esta enfermedad a menudo se sienten emocionalmente abrumados y desbordados, comprenderemos cómo, en un momento dado, les resulta más sencillo romper con la realidad que soportar la intensa ansiedad que los invade. De esta manera, se crean un mundo propio en cual sienten que pueden moverse

	Menor ↓		Madurez →			Mayor ↑
Distorsión psicótica	Acting out	Escisión	Negación	Devaluación	Anulación	Altruismo
Negación psicótica	Agresión pasiva	Fantasia autista	Proyección	Idealización	Aislamiento	Anticipación
Proyección delirante	Queja y rechazo de ayuda	Identificación proyectiva	Racionalización	Omnipotencia	Desplazamiento	Sentido del humor
	Retirada apática				Disociación	Sublimación
					Intelectualización	Supresión
					Formación reactiva	Autoobservación
					Represión	Afiliación
						Autoafirmación

mejor. Sin embargo, no hay que pensar que estos mecanismos son privativos de la esquizofrenia, pues también pueden aparecer en personas que no presentan este desorden.

A las defensas psicóticas les siguen aquellas que Vaillant (Shenk, 2009) denomina inmaduras. Éstas, sin llegar al aislamiento propio de las anteriores, impiden la intimidad. Dentro de esta categoría explicaremos el acting out, la agresión pasiva, la queja y rechazo de ayuda, la retirada apática, la regresión, la fantasía, la identificación proyectiva, la escisión, la negación, la proyección, la racionalización, la omnipotencia, la devaluación y la idealización. Estos mecanismos alivian (parcialmente) la ansiedad de quien los emplea pero lo hacen a un alto costo, pues les es imposible intimar con los demás.

El *acting out* es una conducta irreflexiva e inesperada, a través de la cual un individuo actúa sus impulsos. Este mecanismo es el responsable, por ejemplo, de que ciertas personas se alisten sorpresivamente en el ejército o se ofrezcan como voluntarias para realizar alguna actividad peligrosa, se involucren sexualmente con alguien, realicen acciones intempestivas, etcétera. Es importante considerar que el acting out no es equivalente a un mal comportamiento. Es factible comprobar una relación entre tales conductas impulsivas y ciertos conflictos emocionales subyacentes, ajenos a la conciencia de quien los sufre.

La *agresión pasiva* se refiere a una forma de hostilidad encubierta, mediante la cual una persona muestra su agresividad hacia los demás en forma indirecta, portando una máscara de sumisión tras la cual esconde resistencia y resentimiento. Este mecanismo suele aparecer cuando una persona se ve enfrentada por otra a la necesidad de actuar responsable e independientemente. Esta defensa suele motivar comportamientos de "indiferencia" en situaciones en donde, habiendo podido advertir a otros sobre un peligro inminente, la persona se mantiene en silencio, dejando que dicha contingencia ocurra, acompañada de todas las consecuencias negativas que representa.

Las *quejas y rechazo de ayuda* también esconden sentimientos de hostilidad o resentimiento hacia los demás. Debido a este mecanismo, es común que un individuo demande ayuda por parte de los otros y a continuación rechace o reciba con desagrado cualquier sugerencia, consejo u ofrecimiento de apoyo de su parte.

Mediante la *retirada apática*, en lugar de enfrentarse a la situación conflictiva, la persona simplemente se aparta sin mostrar cambio alguno en su postura o perspectiva.

La *regresión* consiste en el retroceso a mecanismos de defensa propios de etapas anteriores, a fin de evadir situaciones presentes que resultan decepcionantes o intensamente atemorizantes, tratando de encontrar seguridad o satisfacción en comportamientos específicos de periodos más tempranos. Esta maniobra se manifiesta, entre otros comportamientos, en negativismo, berrinche, rebeldía, ensoñación, impulsividad y conductas dependientes o sumisas.

La *fantasía autista* sustituye la búsqueda de mejores relaciones interpersonales, de acciones más efectivas o la resolución de los problemas. Mediante ella, la persona se construye "castillos en el aire" y se alimenta de sueños que nunca concreta, dejando que sus planes permanezcan en la bruma y nunca aterricen en la realidad.

La *identificación proyectiva* es un mecanismo en virtud del cual un individuo se apropia de ciertas características de otro y pretende imitarlo u obtener gratificación a través de sus experiencias exitosas. La identificación es también la forma más temprana y primitiva de enlace afectivo. Mediante este mecanismo, un pequeño va interiorizando ciertos rasgos, creencias, propósitos y deseos de sus padres, que le permitirán ir construyendo su personalidad.

La *escisión* (también llamada polarización) consiste en verse a sí mismo o a los demás como completamente buenos o malos, no pudiendo integrar en una sola imagen los propios rasgos o afectos ambivalentes. De esta manera, la persona excluye de su conciencia emocional una visión y unas expectativas equilibradas respecto de sí mismo y de los demás. Es común que el individuo idealice y devalúe alternativamente a la misma persona o a sí mismo, otorgándole (u otorgándose) cualidades exclusiva y exageradamente positivas (*idealización*) o negativas (*devaluación*). Por su parte, la *omnipotencia* implica pensar o actuar como si uno contara con poderes especiales que lo convierten en alguien superior a los demás.

La *negación* implica "cegarse" y desconocer algunos aspectos dolorosos de la realidad externa o de las experiencias internas, que son claramente perceptibles para los demás. Este mecanismo también existe en la forma de *negación psicótica*, en aquellos casos en que se pierde la capacidad para captar la realidad.

La *proyección* se refiere al proceso de atribuir a los demás sentimientos y pensamientos propios que resultan indeseables o inaceptables para uno mismo. En virtud de este mecanismo, una persona se ve impedida a percibir su odio hacia los demás y, en cambio, asegura ser víctima de la hostilidad ajena. De esta manera, mantiene a salvo su buena opinión de sí misma y se otorga la libertad de imputar la culpa a los demás.

La *racionalización* se refiere al hecho de inventar explicaciones personales para el comportamiento propio o ajeno. Éstas, a pesar de ser incorrectas, tienen el efecto de tranquilizar a su creador mediante el encubrimiento de los verdaderos motivos que guían la conducta, pensamientos o sentimientos.

Un paso más adelante en la escala de salud mental, aparecen las defensas llamadas neuróticas, las cuales se consideran comunes en las personas normales. Dentro de esta categoría, se incluyen la anulación, el aislamiento, la disociación, el desplazamiento, la intelectualización, la formación reactiva y la represión, las cuales explicaremos enseguida.

La *anulación* consiste en el empleo de palabras o comportamientos determinados, con el propósito simbólico de "borrar" o enmendar ciertos pensamientos, sentimientos o acciones. Una persona puede, por ejemplo, llevar a cabo un ligero golpeteo o emitir vocablos con el pretendido fin de "deshacer" algo ya realizado, o "desaparecer" ciertas palabras previamente pronunciadas.

El *aislamiento* es un mecanismo mediante el cual un individuo se aparta de los sentimientos que originalmente estuvieron ligados a un hecho determinado, convirtiéndolo en simple evento descriptivo. Esta defensa le permite narrar una vivencia personal que habitualmente le resultaría dolorosa, sin el afecto correspondiente.

Mediante la *disociación,* un individuo altera temporalmente las funciones de integración de la conciencia, memoria, percepción de sí mismo o del entorno, o comportamiento sensorial/motor. La disociación opera, por ejemplo, en aquellos acontecimientos particularmente dolorosos en los cuales un individuo se experimenta a sí mismo como fuera del escenario, como si las cosas estuvieran ocurriendo a un tercero, o fueran tan sólo la trama de una película. Gracias a este mecanismo, uno puede salir de los propios sentimientos de modo intenso y breve.[4]

---

[4] No obstante, es importante señalar que hay formas menos sanas de disociación, tales como las descritas por Kernberg (1978) a propósito de

El *desplazamiento* se refiere al proceso de transferir un sentimiento o una respuesta que inicialmente iba dirigida a un objeto hacia otro habitualmente menos importante. De esta manera, un reclamo que inicialmente iría dirigido al jefe se desplaza a la pareja, a los hijos o a alguien que resulte menos amenazante. O bien, el interés puesto en un deseo frustrado se dirige a una actividad menos atractiva pero suficientemente capaz de sustituir una motivación original.

La *intelectualización* opera transformando asuntos primordiales de la vida en objetos de estudio del pensamiento formal. Así, mediante la implicación en pensamientos excesivamente abstractos, la persona pretende controlar o minimizar los sentimientos que le causan malestar. Esta defensa constituye una forma de protegerse contra los propios impulsos, pues es más sencillo disertar sobre la mejor forma de superar una desgracia, que enfrentarla con serenidad.

La *formación reactiva* implica sustituir ciertas acciones, pensamientos o sentimientos personalmente inaceptables por otros diametralmente opuestos. Un rasgo distintivo de la formación reactiva es su carácter exagerado. A través de este mecanismo, una persona que rechaza a otra puede mostrarse excesivamente amable y complaciente con ella. Esta defensa suele actuar simultáneamente a la represión, que explicaremos enseguida.

La *represión* es la principal de las defensas neuróticas, aunque también es la más peligrosa. Mediante ésta se pretenden expulsar de la conciencia los deseos, pensamientos o experien-

---

los pacientes fronterizos, en donde encontró áreas o "subpersonalidades" desintegradas, -por llamarlas de alguna forma-, que parecían funcionar de manera independiente, sin que unas "subpersonalidades" tuvieran pleno conocimiento de las otras.

cias perturbadoras. La represión es responsable, por ejemplo, de actitudes de inexplicable inocencia, de ciertas pérdidas de memoria, o incluso de alguno que otro fracaso en advertir estímulos de un órgano determinado. Así, por ejemplo, en virtud de la represión, uno puede conscientemente pensar que no guarda rencor alguno hacia un individuo que lo traicionó en el pasado, pero, en algún momento, y aparentemente "por accidente", hacer una mala obra en su contra. Otras personas, como consecuencia de la represión, desarrollan ceguera, sordera o insensibilidad psicológicas (disociación), en un afán inconsciente por evitar ver, escuchar o sentir realidades que las sobrepasan. Metafóricamente hablando, mantener la represión exige un esfuerzo semejante al que necesitaríamos para mantener un barril vacío hundido bajo el agua.

En el extremo más saludable, aparecen las defensas maduras, dentro de las cuales encontramos el altruismo, la anticipación, el sentido del humor, la supresión y la sublimación.

El *altruismo* consiste en enfrentar los conflictos emocionales procurando satisfacer las necesidades de los demás, obteniendo genuino bienestar al advertir la satisfacción ajena, o también, a través de las respuestas que uno recibe de los demás.

La *anticipación* consiste en experimentar reacciones emocionales antes de que se produzcan, o bien, pensar por adelantado las consecuencias posibles de acontecimientos futuros, considerando de forma realista soluciones alternativas para hacer frente a incomodidades futuras.

El sentido del *humor* se refiere a poner de relieve algún aspecto divertido o irónico de los conflictos o situaciones estresantes que se viven.

La *supresión* es una decisión consciente e intencionada de evitar pensar en problemas, deseos, sentimientos o experiencias desagradables, posponiéndolos para darles atención en su momento oportuno.

La *sublimación* implica encontrar salidas magistrales para distintos sentimientos, de modo que impulsos potencialmente desadaptativos puedan ser canalizados en comportamientos socialmente aceptables como, por ejemplo, dirigiendo la propia agresión hacia el deporte o hacia la actividad profesional de elección. Estar pendiente de los errores ajenos puede ser un impulso individual altamente hostil, pero si dicha motivación lleva a la persona a convertirse en un buen detective, le brinda la oportunidad de tener a otros "en la mira" en modos totalmente justificados y productivos.

¿Por qué damos tanta importancia a la revisión de los mecanismos de defensa? Entre otras razones porque Vaillant (2002), quien ha dedicado buena parte de su vida a investigar el secreto de una buena salud física y mental en la adultez y la vejez, afirma categóricamente que los dos factores verdaderamente primordiales en la vida de una persona son el tipo de defensas que emplea y la calidad de las relaciones que entabla con otras personas. Por otro lado, la aptitud social se revela como un factor de gran peso en la calidad de vida madura.

Las conexiones afectuosas son necesarias, y si no se encuentran en los padres, pueden obtenerse a través de los hermanos, los amigos, los maestros u otros parientes. En particular, las emociones que debemos cultivar son la admiración, el amor, la compasión, la gratitud, el perdón, la alegría, la esperanza y la confianza (también llamada fe). Vaillant acepta que las circunstancias contribuyen al logro de la felicidad, pero sólo en pequeña proporción. Desde su punto de vista, la felicidad está bajo nuestro control y es mucho lo que podemos hacer para construírnosla.

Al respecto de la gratitud y la alegría –emociones positivas que eventualmente nos garantizan mejor salud y conexiones más profundas con los demás– Vaillant acepta que, a corto plazo, nos hacen vulnerables, pues nos exponen al rechazo y al dolor. Esta es la razón por la cual para la mayoría es tan difícil tolerar el amor. ¿Encuentras alguna similitud entre esta condición y la incapacidad que tiene la persona psíquicamente frágil para comprometerse o entablar relaciones profundas y duraderas de calidad? Por otro lado, emociones como el miedo y la tristeza –que nos conducen al aislamiento– nos protegen del ataque y estimulan en nosotros recursos en momentos de malestar. ¿Entiendes ahora por qué éstas abundan?

Una cuestión digna de ser mencionada es la estrecha relación que existe entre la salud física y la mental. Vaillant (Shenk, 2009) descubrió que las personas que durante su vida universitaria se dedicaron a practicar regularmente el ejercicio, tuvieron mejor salud mental en su adultez y vejez que aquellos más sedentarios. Por otro lado, personas con tendencia a la depresión sufrieron más desgaste en su salud física que aquellas más optimistas y contentas, quienes, por otro lado, tenían mayor vida social y mejores hábitos de autocuidado.

Otros estudios (Shenk, 2009) ponen de relieve la importancia de la industriosidad infantil en la salud mental, y manifiestan que los niños que han tenido la oportunidad de desempeñar trabajos de tiempo parcial, se han ocupado de tareas caseras o pertenecieron a clubes escolares o equipos deportivos, gozan en el futuro de mayor salud mental. De acuerdo con estas investigaciones, estas experiencias de responsabilidad y productividad en la niñez y adolescencia son mejores factores de predicción de la salud mental, que la unión familiar y las relaciones maternales cálidas. Esto, debido a que nuestras acciones afectan nuestros sentimientos y viceversa.

Vaillant (Shenk, 2009) ha comprobado que la felicidad y el dolor están muy cercanos una del otro y que nuestros más profundos anhelos pueden surgir de nuestros temores más básicos. Hay personas que han surgido a partir del dolor, transformando la escoria en oro, pues a menudo una crisis puede estimular la creatividad, de la misma manera que la molesta arena introducida en una ostra, le permite a ésta crear una hermosa perla. También hay un lado oscuro en la alegría, como puede serlo el temor a perderla. Dentro de la gama de alternativas que pueden conducirnos a una madurez saludable, Vaillant confiere especial valor a las actividades de servicio a los demás y el auténtico despertar espiritual. Él considera que las defensas maduras –altruismo, anticipación, humor, supresión y sublimación– constituyen remedios mágicos para lograr la felicidad. Vaillant acepta que es más sencillo advertir los propios mecanismos de defensa, que transformarlos. No obstante, esta modificación es necesaria para lograr la madurez. Al respecto recomienda paciencia y ternura, no sólo para con nosotros mismos, sino para con los demás.

Alguna vez, con motivo de un viaje, tuvimos la oportunidad de ver a un individuo portando una playera con una solicitud impresa semejante a la siguiente: "Tenme paciencia, estoy madurando". En realidad, todos estamos madurando, De eso trata la vida. Y compete a quien ha logrado mayor conciencia, ser paciente y compasivo hacia otros que aun no han descubierto que es ése el gran reto de nuestra existencia: controlar nuestros impulsos; canalizar adecuadamente la ira, la frustración, la ansiedad; aprender a dialogar y a negociar; empatizar con los demás y buscar el bien común.

CÓMO CREAR
ENTORNOS CON EMPATÍA

Ya hemos mencionado que las necesidades de atención psiquiátrica en la población mexicana han ido en aumento. También hemos dicho que muchas personas que, en rigor, necesitarían valoración y tratamiento psiquiátricos, jamás acuden al especialista, ya sea por ignorancia, o por temor a descubrir algo que prefieren no saber. Asimismo, hemos hecho alusión a cifras estadísticas de la Organización Mundial de la Salud, y hemos puesto de relieve que se anticipa que en unos años más, la depresión habrá cobrado muchas más víctimas entre mujeres y niños. Por otro lado, hemos hecho hincapié en la estrecha relación que existe entre ansiedad, depresión, y conducta impulsiva, con la ingestión de drogas y alcohol.

No es difícil conectar esta realidad con la oleada de violencia que, en todos niveles, vivimos en la actualidad. Es imposible esperar que la falta de salud mental individual se mantenga ajena a la salud mental de nuestras familias y nuestra sociedad en general. ¿Acaso es factible suponer que una persona mentalmente trastornada pueda evitar tener influencia en el cotidiano devenir de los diversos contextos en los cuales nos movemos? ¿Sería concebible dar por hecho que podemos construir familias, escuelas, entornos laborales, grupos sociales diversos, que resulten emocional y mentalmente sanos, a partir de individuos enfermos? Y, si aceptamos que nuestra actual condición es crítica, ¿qué podemos hacer para estimular ambientes más sanos en el futuro próximo?

Existe la enfermedad, tanto física como mental, y cada uno de nosotros, en tanto que somos personas, somos susceptibles de enfermar. Pero también es cierto que muchas de nuestras prácticas cotidianas de vida, lejos de contribuir a la salud, favorecen distintos tipos de padecimientos, como puede ser el caso de una diabetes, una hipertensión, un trastorno de ansiedad, etcétera. Nuestros malos hábitos de alimentación, ejercicio, descanso y relación interpersonal, sumados al creciente estrés que vivimos en la actualidad, nos hacen más proclives a caer enfermos. Por otro lado, ocupamos mucho tiempo en adquirir posesiones, poder, privilegios y poco nos dedicamos a construir nuestra fortaleza interior.

Si hay algo fundamental en la vida, es la procuración del autoconocimiento. ¿Quién soy? Es ésta la pregunta primordial a la cual cada uno de nosotros debemos dar respuesta. Si respondemos con sinceridad y humildad, seguramente llegará el momento en que descubramos que, aun cuando somos personas, somos más que eso. Somos personas en interrelación con otras. También deberemos aceptar que ciertas relaciones nos han convertido en mejores personas y, muy posiblemente, otras nos han dañado y nos han alejado del camino de ser mejores cada día. Ante este último hecho, podemos elegir el papel de víctimas, o asumir la responsabilidad por nuestra propia vida, y buscar alternativas que nos permitan escapar de la esclavitud del resentimiento, con miras a rescatar toda nuestra riqueza interior.

Por otro lado, todos tenemos cualidades. Cada uno de nosotros podemos y debemos participar en la construcción de un mundo más digno de ser vivido. No obstante, en el decir de Stephen Johnson (2004), parecemos vivir impulsados por una tendencia a la disfuncionalidad destructiva. Nuestra propia locura es responsable de buena parte de nuestro sufrimiento. Y, al respecto de ello, cabría preguntarnos si, mediante nuestras actitudes y comportamientos, contribuimos al bienestar propio y ajeno, o si por el contrario, aportamos un poquito más de destrucción a nuestra pareja, nuestros hijos, nuestros alumnos, nuestros colegas, nuestros empleados, nuestros vecinos...

Nos gustaría enfatizar en algunas prácticas que podemos llevar a cabo para propiciar mayor objetividad, bienestar incrementado y, en suma, comportamientos más maduros. La primera de ellas, es la autoobservación, la cual nos puede ayudar a acrecentar nuestra conciencia y reflexionar sobre los propios pensamientos, sentimientos, motivaciones y comportamientos, a fin de evaluar qué tanto se ajustan a la creación de entornos mental y emocionalmente más saludables.

Como reza el refrán: "el que quiere azul celeste, que le cueste". ¿Te gustaría ofrecer a tu familia un mejor mundo en donde vivir? Para ello necesitamos amor y sabiduría. Sabiduría, que nos permita detectar nuestras deficiencias. Amor, que nos estimule a dar un paso adelante y realizar las modificaciones que debamos hacer para dejar de dañar a nuestros seres queridos. Porque el amor importa.

Dado que nuestras emociones se interponen en el camino y nos impiden amar, el siguiente paso que debemos dar es aprender a controlar nuestros impulsos, a manejar la ira, la frustración, la ansiedad, la tristeza, o, dado el caso, buscar la ayuda médica pertinente que nos permita lograrlo. Aunado a ello, debemos desarrollar mejores habilidades de comunicación con nosotros mismos y con los demás.

Gerhardt (2004) menciona tres habilidades particulares que se necesitan para controlar los impulsos: a) la capacidad para distraerse desviando la atención de la fuente de frustración, a fin de enfocarse en otro objeto o actividad; b) la habilidad para procurarse bienestar y confort, y c) la búsqueda de información sobre el obstáculo que interfiere con las propias metas. No parece muy difícil, ¿o sí?

Adquirir estas habilidades no sólo es posible, sino que es completamente deseable. Incluso, niños de tres años que fueron entrenados para utilizar este tipo de estrategias, mostraron menos comportamiento agresivo e impulsivo que otros niños de su edad carentes de tales habilidades (Gerdhardt, 2004).

Seguramente te estarás preguntando cómo unos padres bien intencionados pueden ayudar a sus hijos a construir una buena capacidad de auto regulación emocional. El secreto está en la contención. Ahora explicaremos lo que ésta implica, aunque ya hemos hablado de ella en el texto.

La mejor respuesta que los papás pueden ofrecer a sus hijos –primero cuando son bebés y más adelante conforme vayan creciendo– es contenerlos emocionalmente. Esto significa evitar que las emociones los desborden, reconociendo sus sentimientos y ayudándolos a que las sustancias químicas que acompañan al malestar, logren desvanecerse a medida que se van sintiendo seguros y fuera de peligro. Para lograr esto, no hay recetas, pues cada persona precisa de una respuesta hecha a su medida. Lo fundamental es advertir la necesidad que requiere satisfacción y ofrecer una solución adecuada. Así, por ejemplo, si el bebé está ansioso, necesita de unos brazos cariñosos y seguros que lo sostengan y lo arrullen un poco; si está aburrido, necesita distracción; si tiene hambre, necesita alimento. Cada situación requiere de una respuesta apropiada según el caso.

Sin embargo, no hay que pensar que la empatía de los padres se refiere únicamente al acto de "resonar" con los estados afectivos placenteros de sus hijos. Unos progenitores verdaderamente empáticos serán capaces de atenuar o contener la angustia, el dolor, el miedo y otras emociones desagradables de sus chicos, pero también podrán empatizar con su placer, alivio y felicidad, provocando así que éstos sean más duraderos y profundos.

Por otro lado, un niño mayor, un joven e incluso un adulto que transitan por algún problema y sienten malestar, también necesitan ser escuchados. Lo que mejor funciona es la experiencia creciente de advertir que otras personas están dispuestas a descubrir cómo específicamente se está sintiendo y, a partir de ello, ayudarle a expresarlo y a pensar soluciones junto con él. Este proceso constituye la esencia de la regulación emocional: contar con alguien que responde a lo que le ocurre en el momento y que está deseoso de acompañarlo en la labor de ordenar sus sentimientos.

La contención empática implica reconocer y aceptar los pensamientos y sentimientos ajenos, lo que en un pequeño, irá dando paso a su sentido de identidad. Esto le permitirá, gradualmente, irse experimentando como alguien separado de los demás. Opuesto a ello, la falta de retroalimentación social óptima da lugar a un sentido débil de sí mismo, hecho que en el futuro se manifestará mediante comportamientos de evitación (cuando se sienta inseguro, se apartará de las demás) o, por el contrario, se tornará extremadamente demandante, buscando retroalimentación constante. También es factible la fluctuación alternada entre ambas formas de respuesta.

Una buena regulación emocional opera a partir de sentimientos que fluyen libremente en el cuerpo y sobre los cuales la persona es capaz de reflexionar y decidir cómo actuar sin negarlos ni someterse a ellos. No se trata de controlar los sentimientos mediante la voluntad, sino de utilizarlos como guía para la acción.

Cuando los padres responden acertadamente a las señales que emiten sus hijos, contribuyen a que se lleven a cabo muchos de sus procesos biológicos. Como explicamos, en los primeros meses de vida, ayudan al sistema nervioso del bebé a madurar en un modo tal que no sufra de estrés innecesario o extremo; estimulan que las rutas bioquímicas se fijen en niveles moderados; facilitan la fortaleza de los sistemas inmune y respuesta al estrés; favorecen que se forme su corteza prefrontal y, con ello, a que se desarrolle la capacidad infantil para retener información, reflexionar sobre los propios sentimientos y contener sus impulsos, aspectos que en el futuro le serán vitales para comportarse socialmente.

Lamentablemente no todos los pequeños disfrutan de estilos de crianza con las anteriores características. Muchos reciben atención insuficiente o son víctimas de hostilidad abierta o encubierta. Entendemos que los padres hostiles o negligentes están inevitablemente estresados y que seguramente carecieron de experiencias favorables con sus propios padres y, por lo mismo, tampoco aprendieron a regular sus emociones, No obstante es factible cambiar. ¿O qué acaso estamos condenados a repetir los errores de nuestros padres? Como dijimos, necesitamos amor y sabiduría. En ocasiones la sabiduría tomará la forma de solicitar ayuda profesional para transformar todo aquello que nos impide amar.

Todo individuo pasa por dificultades que en mayor o menor medida le harán perder su equilibrio emocional en algún momento de su vida, y el mejor remedio para superar estos momentos es contar con alguien significativo, capaz de escucharlo y de apoyarlo en la búsqueda de una salida. Por ello las redes de apoyo son tan importantes, y es un asunto de elección buscar y procurarnos relaciones que nos brinden ayuda, compartiendo nuestros problemas, sin tratar de atribuirlos a los demás. Por otro lado, si adquirimos un repertorio de habilidades personales que nos permitan calmarnos y atravesar por sentimientos desagradables cuando nada podemos hacer para evitarlos, estaremos mejor equipados para recuperar el equilibrio perdido.

Actividades de distracción constructiva tales como el ejercicio, la lectura, la música, la conversación y otras constituyen medidas regulatorias que no sólo favorecen, sino que también manifiestan un bienestar emocional. La psicopatología, por su parte, se hace evidente cuando estos mecanismos de recuperación no ocurren. Para quien carece de tales herramientas se hace difícil mantener su equilibrio emocional. En consecuencia, podrá permanecer en estado activado experimentando malestar. Sus pensamientos equivocados aumentarán su ansiedad, lo llevarán a plantear exigencias inapropiadas a los demás y obstaculizarán que reciba el apoyo que tanto necesita. Por el contrario, si la persona se estanca en la represión, negará sus sentimientos, evitará a los demás, no hablará sobre su malestar y éste se mantendrá, pero fuera de la conciencia.

Todos podemos convertirnos en agentes reguladores de los demás, y esto sería lo deseable. Las cualidades de un buen estilo parental lo mismo que aquellas que acompañan a las relaciones cercanas, en general, son esencialmente regulatorias. La capacidad de escuchar, advertir los pensamientos y sentimientos ajenos, dar forma al comportamiento y poder restaurar el bienestar mediante el contacto físico –un apapacho a través de contacto emocional, como una sonrisa– o mental, poniendo los sentimientos y pensamientos en palabras, son capacidades que pueden desarrollarse y mejorarse con la buena disposición y la práctica adecuada. A este respecto, lo recomendable es adquirir el hábito de la "escucha activa", ampliamente utilizada y recomendada por muchos terapeutas, técnica que consiste en reflejar al otro los sentimientos y pensamientos que advertimos que intenta comunicarnos.

Los entrenamientos actuales en coaching (Costa y Garmston, 2005) enfatizan en la importancia de cuatro respuestas fundamentales para dar contención empática al otro:

1. Poner atención en su discurso (o lenguaje corporal).
2. Hacer pausa antes de responder, lo que implica no contestar o rebatir impulsivamente lo que el otro dice, sino aguardar en silencio, dándole oportunidad para continuar, si así lo desea.
3. Plantear preguntas para precisar y ampliar la información. Como ves, se trata de invitarlo a seguir adelante con su discurso. En ningún momento se pretende mostrarle que está equivocado.
4. Repetir el contenido escuchado utilizando nuestras propias palabras pero respetando el significado original. Esta acción se denomina "parafraseo".

Para que tengas mejor idea de lo que este tipo de comunicación busca propiciar, tal vez te sea útil imaginar que vas a sostener un diálogo con una persona eminentemente distinguida por su conocimiento y autoridad en un tema que te interesa profundamente. ¿Cómo te aproximarías a ella? Ten por seguro que pondrías mucha atención a cuanto dice, no sólo mediante sus palabras, sino que estarías pendiente de cada uno de sus movimientos. Por otro lado, dudo que lo interrumpieras para rebatir sus ideas. Aguardarías en silencio a que continuara con su discurso. ¿Cómo podrías –sin palabras– mostrarle que tienes interés en lo que está expresando, de modo que prosiguiera hablando?

Supón ahora que alguna de la información proporcionada te ha quedado confusa o incompleta ¿qué preguntas le plantearías para precisar y ampliar tales datos? Aun cuando tú tuvieras algunas ideas distintas, no creo que en ese momento quisieras perder el tiempo planteándole tus hipótesis. Más bien buscarías profundizar en lo que dice para conocer mejor su perspectiva.

Por último, querrías cerciorarte de que has entendido perfectamente bien el contenido de su mensaje. Luego, buscarías la manera de repetir, con tus palabras, lo esencial del contenido. En eso consiste justamente la paráfrasis. ¿No es tan complicado, verdad?

Quizás entiendas el sentido de estas cuatro instrucciones (poner atención, hacer pausas, preguntar y parafrasear) en el caso de verte en la posibilidad de platicar con una eminencia, pero no comprendas cuál es el propósito de llevarlas a cabo en una conversación familiar, en una plática con alguna amistad, en una junta con tus colegas, en una entrevista con tu jefe o en una reunión de vecinos.

¿Recuerdas que dijimos que todos podemos convertirnos en agentes reguladores de los demás? Pues de eso se trata, precisamente. La mayoría de las personas tienen asuntos pendientes (ansiedad, inseguridad, frustración y otras situaciones), que les impiden comunicarse con efectividad. Así, vivimos relacionándonos superficialmente con los demás. No es raro, entonces, que tantas personas se sientan a la deriva. Pocos cuentan con espacios en los cuales pueden expresar con libertad cuanto piensan y sienten. Menos aún son los que se reconocen verdaderamente aceptados y bienvenidos en los distintos grupos con los que tienen relación.

En el capítulo anterior explicamos cómo la salud y el bienestar están directamente emparentados con la calidad de nuestras relaciones. Lo que intentamos propiciar con una comunicación de este tipo es que más y más personas se sientan reconocidas, comprendidas, aceptadas y valoradas.

Estudios del cerebro realizados mediante tomografías por emisión de positrones (PET) nos permiten advertir que el juicio y la crítica ajenas provocan que el sistema nervioso reaccione produciendo adrenalina y cortisol, sustancias químicas generadoras de ansiedad. Recordemos que la ansiedad activa el comportamiento impulsivo e irreflexivo a través de la amígdala. La aceptación empática, por su parte, contribuye a secretar endorfinas, serotonina y dopamina, sustancias que se relacionan con el bienestar.

La capacidad de reflexionar, pensar y encontrar soluciones para los problemas se hace más fácil cuando una persona se siente segura, sabiendo que alguien más está a su lado tratando de comprenderla, sin juzgarla. El propósito de utilizar técnicas de coaching es justamente ayudar al otro a encontrar sus propias soluciones. No se trata de tomar su carga emocional para llevarla nosotros a cuestas, sino de ayudarlo a encontrar diversas alternativas que resulten viables y efectivas.

No creas, sin embargo, que la "escucha activa" es la única manera de comunicarnos. Ésta se utiliza, fundamentalmente, cuando alguien que nos interesa está pasando por un momento difícil o, también, cuando deseamos que alguien nos permita saber más acerca de lo que piensa o siente en un momento dado. Igualmente a menudo es la llave que nos permite acceder a una persona, de modo que muestre apertura y disposición a aceptar alguna opinión personal al respecto.

No obstante, existen otras formas de comunicación. En ocasiones tenemos que dar órdenes, debemos corregir ciertos errores o necesitamos poner límites al comportamiento ajeno. A propósito de los límites, es preciso afirmar la propia posición mediante un lenguaje claro y directo, y un tono de voz seguro y suficientemente alto. Con objeto de que aprecies la manera como se aplican distintas técnicas, en la sección de anexos al final del libro te ofrecemos un diálogo que ejemplifica tanto la escucha activa como la puesta de límites. Aun cuando no es la única forma de abordar estas situaciones, las alternativas sugeridas resultan útiles en muchos casos.

PROPUESTAS DE TRATAMIENTO

El comportamiento humano es enigmático, el mismo origen del hombre lo es. Constituimos un misterio que a lo largo de los siglos ha alimentado la reflexión de muchos. ¿Quién puede determinar con certeza cuándo comenzó el hombre a cuestionarse, entre otras materias, sobre sí mismo, sobre el sentido de su existencia, sobre la causa de sus acciones, sobre su racionalidad e irracionalidad, o sobre su habilidad o fracaso para lograr su felicidad? ¿Y qué otro propósito tendría dar respuesta a tales interrogantes, sino favorecer su propio bienestar y evitar, aliviar o aminorar su malestar?

Hubo un tiempo en que muchas cuestiones para las que el ser humano carecía de explicación se suponían causadas por fuerzas invisibles, que actuaban en contra de quienes habían obrado mal. Con la intención de evitar compartir el castigo de individuos a quienes se creía "malditos", las sociedades primitivas acostumbraron expulsar y marginar a sus enfermos o, en otros casos, apresurar su muerte. Así ocurrió con muchas personas inocentes que antaño sufrieron de enfermedades mentales. Con el surgimiento de la ciencia –básicamente la medicina y la bioquímica– y conforme aumentó el conocimiento sobre la enfermedad, se fueron conformando nuevas explicaciones y soluciones posibles.

En la segunda mitad del siglo XIX, cuando Sigmund Freud tuvo que elegir ocupación, no existía carrera profesional alguna que estudiara básicamente la mente y la conducta humanas, temas que constituían el interés fundamental del joven, por lo que optó por la medicina, pues esta disciplina le pareció el mejor camino para estudiar el funcionamiento de la persona. No obstante, las respuestas que la medicina le ofrecía no siempre eran suficientes para comprender –menos aún para curar– ciertas dolencias y "enfermedades".

En este sentido, la medicina, tal como se conocía hasta ese momento, resultaba insuficiente para tratar exitosamente algunos trastornos que hoy en día cabrían dentro del diagnóstico de las psicosis, los desórdenes de personalidad o diversos tipos de neurosis. Esta fue la causa de que Freud dirigiera su atención al estudio del inconsciente, buscando descubrir, entre otras cuestiones, qué habría oculto en la mente de un "enfermo", que explicara padecimientos por otros medios inexplicables, incomprensibles e injustificables; y que, finalmente, lo condujera a un posible método de curación.

Las observaciones y lucubraciones de Sigmund, obtenidas a partir de su práctica clínica, fueron dando origen a su teoría psicoanalítica, en virtud de la cual sostuvo, entre otras cosas, que ciertos pensamientos, temores y deseos "reprimidos" salen a la superficie de modo simbólico, adquiriendo la forma de problemas sensoriales y motores, fobias, comportamientos extraños y otros padecimientos. Y para darles tratamiento, ideó distintas técnicas, a fin de "hacer conscientes conflictos inconscientes", pues suponía que con ello sería posible lograr que el enfermo sanara.

Durante mucho tiempo las dos únicas opciones que había para el tratamiento de las llamadas "enfermedades mentales" fueron: a) el uso de métodos físicos –básicamente fármacos–, propios del modelo médico, que se pronuncia por la determinación bioquímica del comportamiento anormal y b) la aproximación "psicodinámica" (o psicoanalítica), la cual supone causas psicológicas ocultas –en la forma de conflictos internos en movimiento–, las cuales buscan expresión.

Con respecto a dichos tratamientos, la eficacia del modelo médico ha aumentado enormemente a partir de los años cincuenta, conforme la farmacología ha ido desarrollando nuevos y mejores medicamentos orientados a controlar algunos de los síntomas propios de las psicosis, de los trastornos de personalidad y algunos de los que acompañan a las neurosis. Por lo que toca al psicoanálisis, muchos seguidores de Freud han hecho aportaciones y modificaciones a su teoría y técnicas, con el fin de optimizar los resultados psicoterapéuticos.

Sin embargo, no han faltado críticos que argumentan que ninguna de las anteriores aproximaciones ha comprobado ser completamente efectiva. En apoyo a esto, mencionan que no todas las personas responden adecuadamente al tratamiento, ni existen evidencias de que la respuesta favorable –si la hay– sea permanente. Aluden también a casos de curaciones que ocurren sin tratamiento alguno, y con respecto al psicoanálisis, objetan que sus técnicas no son factibles de comprobación mediante estudios experimentales controlados y objetivos, que permitan determinar su eficacia. Aunado a lo anterior, algunos psicólogos arguyen que muchos comportamientos que no ceden bajo el tratamiento psicoanalítico, sí responden bien a técnicas que buscan meramente modificar la conducta, y que esto se debe a que gran cantidad de comportamientos considerados anormales son el resultado de fallas de aprendizaje o reacciones inevitables a un ambiente social incongruente y generador de ansiedad. Entonces, indican que mediante un "desaprendizaje" (o cambio de hábitos) y a través de la modificación ambiental, las personas pueden comenzar a comportarse en forma adecuada y funcional.

Aun cuando el psicoanálisis fue la primera forma de psicoterapia, hoy en día existen diferentes maneras de tratar la enfermedad mental. En 1975, la Asociación Psiquiátrica Americana (Nicholi, 1988) definió a la psicoterapia como el tratamiento de los desórdenes mentales y emocionales, básicamente a través de la comunicación verbal y no verbal con el paciente. Nicholi (1988) señala que, bajo esta definición, cabe una amplia gama de terapias que varían en intensidad y duración como el psicoanálisis, la hipnosis, la terapia Gestalt, la logoterapia, el psicodrama, el análisis transaccional, la terapia de apoyo, la terapia breve, la terapia de grupo, la terapia de pareja, etcétera.

También existen las llamadas terapias del comportamiento, enfocadas en la modificación de conductas observables, cuyas técnicas de tratamiento surgieron a partir del condicionamiento experimental (Yates, 1973) y que inicialmente se orientaron al tratamiento de la ansiedad y las psicosis. Sin embargo, no tardó en hacerse manifiesto que las conductas observables no bastan para explicar y modificar el comportamiento, sino que, adicional a ello, hace falta acceder al pensamiento que les dan origen. Fue así como surgieron las aproximaciones cognitivas que, en combinación con las terapias conductuales, han sido utilizadas cada vez con más frecuencia con muy buenos resultados. Múltiples estudios experimentales a que han sido sometidas sus técnicas han comprobado su efectividad, dando lugar a que en la actualidad se les considere –acompañadas o no de medicamentos– como unas de las mejores opciones de psicoterapia para la enfermedad mental.

Diferentes formas de hacer terapia

Aunque en la actualidad se practican muchos tipos diferentes de psicoterapia, explicaremos solamente las formas más representativas.

El psicoanálisis. Este tratamiento es quizá el más indicado cuando los conflictos están profundamente arraigados o constituyen rasgos de carácter de largo plazo. Aun así, no todo individuo es buen candidato para este tipo de análisis, pues requiere de una personalidad suficientemente bien integrada, habilidad para relacionarse efectivamente, capacidad de introspección, tolerancia a la ansiedad (provocada por el propio trabajo de análisis), y capacidad para distinguir entre fantasía y realidad, entre otros criterios. Además, su alto costo y larga duración hacen que este método sea inaccesible para gran número de personas.

La psicoterapia psicoanalítica. Al igual que el psicoanálisis, se orienta a la introspección, pero de un modo más superficial, pues se dirige básicamente a reducir síntomas y a lograr que el paciente funcione adecuadamente en su situación de vida presente. Este tipo de tratamiento puede ser aplicado a una gran variedad de pacientes. Para quienes resulta más benéfico es para quienes sufren de conflictos neuróticos, depresión reactiva y desórdenes de carácter no psicóticos. También puede ser útil para algunos pacientes con personalidad limítrofe, en combinación con otras técnicas en periodos de crisis. Con respecto a las psicosis, los alcances de este método no permiten manejar la regresión psicótica aguda, aunque sí puede resultar útil para pacientes más estabilizados.

Terapia de apoyo. Esta forma de terapia es conveniente cuando el paciente experimenta episodios de gran estrés o de confusión extrema, relacionados con crisis particulares de vida como la muerte de un ser amado, divorcio, enfermedad, pérdida del trabajo, etcétera. Aun cuando es posible proveer terapia de apoyo a algunos pacientes con diagnóstico limítrofe o de psicosis, rara vez es la terapia de elección para quienes tienen dificultades neuróticas o desórdenes de carácter. En este tipo de tratamiento es común usar fármacos para calmar al paciente. El terapeuta actúa como un objeto amistoso y protector, y tolera las necesidades de dependencia del paciente, sin intentar explorarlas y cambiarlas. Los resultados buscados son modestos aunque, una vez alcanzada la meta, si el terapeuta estima que el paciente tiene suficiente fortaleza interior, puede intentar una exploración más profunda, incitando la introspección. Muchos pacientes se benefician inmensamente de una aproximación de este tipo, al examinar los orígenes y causas de su descompensación aguda. En cambio, personalidades más frágiles, que podrían desestabilizarse con tal metodología, funcionan mejor con apoyo continuo y administración de medicamentos. Algunos incluso pueden requerir esporádicamente de hospitalización, para mantenerse adecuadamente estables y funcionales en el mundo exterior.

Psicoterapia breve. Esta terapia puede ser considerada como un proceso de resolución de conflictos, que se apoya en los principios psicoanalíticos fundamentales. El terapeuta focaliza en la realidad presente, sin atender particularmente a las experiencias pasadas. Se recomienda para personas con buen nivel de funcionamiento, que buscan obtener introspección en un área específica de conflicto emocional.

Terapia de grupo. Lo común es un grupo de seis a ocho pacientes atendidos por un terapeuta. En un tiempo se consideró que ciertos pacientes con neurosis severas, dificultades orgánicas, problemas psicosomáticos, depresión, narcisismo y/o paranoia no eran buenos candidatos para participar en terapias grupales, pero la experiencia ha manifestado que muchos de estos pacientes pueden ser tratados efectivamente en grupo, aunque no siempre. Lo ideal para este tipo de terapia son los individuos relativamente sanos, que padecen neurosis y que funcionan relativamente bien. De igual manera, hay pacientes que funcionan mejor en grupos homogéneos, como ocurre usualmente con adolescentes desequilibrados, pacientes geriátricos, pacientes con psicosis aguda, personas con adicciones, pacientes con impedimentos físicos serios y otros.

Grupos de auto ayuda. El trabajo que realizan estos grupos ha probado su eficacia particularmente en el tratamiento de adicciones de diverso tipo. Resultan particularmente útiles para quienes manifiestan seria resistencia a cualquier forma de liderazgo autoritario o por parte de un experto.

Hipnosis. Se utiliza como forma de tratamiento para algunos trastornos del comportamiento y, al igual que otras aproximaciones, sus resultados no siempre han sido positivos ni duraderos. Asimismo, se ha hecho evidente que los pacientes suspicaces difícilmente pueden ser tratados mediante esta técnica y que ciertos pacientes frágiles y deprimidos pueden ser altamente vulnerables al fracaso, si con este medio no consiguen el alivio esperado.

Terapia familiar. En sus diferentes modalidades, se ha utilizado con éxito, acompañada o no de otros tratamientos en todo tipo de problemas psiquiátricos, incluidas las psicosis, enfermedades psicosomáticas y abuso de sustancias (Kaplan y Sadock, 1987). Es particularmente atractiva cuando las relaciones familiares están contaminadas, hecho que se manifiesta por la ausencia de comprensión y de cordialidad entre sus miembros. Aun así, tras unas pocas sesiones con todo el grupo familiar, puede ser recomendable dar paso a sesiones individuales.

Biofeedback (o biorretroalimentación). Consiste en el empleo de instrumentos que permiten proporcionar información a una persona, sobre sus propios procesos corporales. La intención es que el sujeto ponga en acción su capacidad para modificar procesos involuntarios que normalmente escapan de su conciencia y que, sin embargo, influyen en su conducta. Las lecturas que se ofrecen al individuo tienen que ver con su grado de relajación, medido mediante: a) la longitud de sus ondas cerebrales; b) la electricidad y temperatura de su piel; c) su presión arterial y otras. A pesar de que este tipo de tratamiento resulta efectivo para reducir ciertos padecimientos, especialmente de quienes no responden adecuadamente a tratamientos más tradicionales, no constituye el procedimiento de elección en todos los casos.

¿Cuál es la mejor forma de psicoterapia?

A lo largo de la historia de la psicoterapia, han surgido distintas propuestas de tratamiento, y no han faltado investigadores curiosos, que se han dedicado a comparar los resultados de diferentes formas de terapia, para determinar cuál es la mejor. Algunos (Gendlin, 1999) sostienen que todas las psicoterapias funcionan, que no hay una superior a las demás; que ciertas formas de terapia –e incluso algunas técnicas específicas– sirven a unos individuos y no a otros, y que los elementos que influyen en el éxito del proceso no tienen tanto que ver con las técnicas específicamente propuestas por una u otra escuela, sino que se relacionan con características propias del paciente, con la calidad afectiva del vínculo que logra establecerse entre el paciente y su psicoterapeuta, e incluso con el grado de esperanza que ambos –terapeuta y paciente– tienen en el proceso.

La fortaleza psicológica individual, las experiencias personales, la capacidad de introspección, las redes sociales y otros recursos cualesquiera con los que cuenta un paciente, antes, durante y tras el proceso terapéutico –y que contribuyen a su calidad de vida–, constituyen 40% del éxito de un proceso psicoterapéutico (Lambert, 1992, citado por Hubble, et al, 2002, en Ortiz, 2008). Seguido de ello, 30% del éxito es debido a la relación afectiva que se logra establecer entre el consultante y el tratante. Factores fundamentales en este sentido son la congruencia, empatía y aceptación incondicional que el consultante detecta en su psicoterapeuta, e incluso se hace referencia a la influencia de la "presencia amorosa" (Kurtz, 2004, citado en Ortiz, 2008) del especialista hacia su paciente.

Lo anterior no significa que las técnicas propias de una u otra escuela sean ajenas a los resultados del proceso, pero su peso representa tan sólo 15% del éxito o fracaso de una psicoterapia (Lambert, 1992, citado por Hubble, et al, 2002, en Ortiz, 2008), y 15% restante de los buenos o malos resultados psicoterapéuticos obedece a la creencia optimista de ambos miembros del proceso con respecto a que obtendrán los cambios esperados.

Así, es posible afirmar que el éxito de una psicoterapia tiene más que ver con otros factores que con las técnicas empleadas en sí. A pesar de ello, la gran cantidad de estudios experimentales que se han realizado para estimar y –como consecuencia– comprobar la efectividad de las psicoterapias cognitivo-conductuales, han influido para que la atención de los "clínicos" se dirija fundamentalmente a ellas. Cada día cobran más importancia como un valioso instrumento de apoyo para pacientes con enfermedades mentales-emocionales, con o sin la utilización de medicamentos. En razón de ello, en los próximos capítulos se analizarán con cierto detalle las técnicas que distinguen a esta aproximación.

LAS TERAPIAS MÁS SOCORRIDAS

En el ambiente psiquiátrico, cada día ganan mayor terreno las terapias cognitivo conductuales, las cuales, dicho sea de paso, no son recientes. En la década de los setenta se publicaron innumerables reportes de investigación en torno a dicho tipo de tratamientos. No obstante, para muchos representan una prometedora novedad. En primer lugar, quizá, porque nunca antes oyeron hablar de ellas, por otro lado, tal vez porque nunca antes tuvieron la motivación de enfrentarse deliberadamente al control expreso de sus pensamientos, de sus emociones y de su comportamiento, procesos en los cuales las terapias cognitivo conductuales han demostrado ampliamente su eficacia. Por tal razón, en el ámbito médico este tipo de terapias son cada vez más utilizadas y recomendadas como complemento del tratamiento farmacológico, para manejar distintos trastornos afectivos, tales como la depresión, la ansiedad y la ira. Explicaremos enseguida cuáles son sus perspectivas y de qué procedimientos se valen.

Por su parte, las terapias cognitivas sostienen que nuestras emociones nacen de nuestros pensamientos y que si éstos están distorsionados, conducirán a sentimientos y comportamientos poco adaptativos. Estas terapias tienen como objetivo llevar a la persona a cuestionar sus pensamientos irracionales, de modo que sea capaz de corregirlos y modificarlos para relacionarse mejor consigo mismo, con los demás y con el mundo en general. Las terapias conductuales buscan modificar el comportamiento de las personas con el fin de asegurar y acrecentar el bienestar propio y ajeno.

Muchos pacientes sometidos a terapias cognitivas han manifestado cambios en su modo de pensar, no obstante, han sido incapaces de llevar a cabo acciones que apuntan a su bienestar. Los especialistas han descubierto que esto ocurre porque, dentro de su repertorio de comportamientos, faltan aquellas habilidades que les permitirían conducirse de modos más adaptativos. De la misma manera, los terapeutas conductuales, han visto que en ocasiones sus pacientes fallan en lograr las modificaciones conductuales propuestas, porque en su mente median pensamientos que "sabotean" la acción. Estos fracasos llevaron a los terapeutas a idear la combinación de ambas formas de terapia, dando así origen a las terapias cognitivo conductuales. Éstas, entonces, apuntan hacia la transformación de los pensamientos que actúan como obstáculos para un comportamiento saludable, y también hacen uso de técnicas de modificación de conducta (tales como el juego de roles, que se explicará más adelante), buscando crear nuevos repertorios de conducta en las personas.

Un aspecto primordial en este tipo de terapias es la detección de los pensamientos automáticos. Los especialistas hablan en estos términos para referirse a formas de pensamiento que surgen de modo espontáneo en la mente, de modo parecido a lo que ocurre cuando, trabajando en la computadora, súbitamente aparecen distinto tipo de mensajes en el monitor. Éstos suelen ser específicos, breves –incluso en ocasiones asemejan contenidos telegrafiados–, parecen tener vida propia y son difíciles de esquivar. El problema es que, si no se tiene cuidado de mantenerlos bajo control, "secuestran" la mente; es decir, toman el mando y obstaculizan el pensamiento racional.

Hay ciertas creencias básicas que parecen comunes en quienes padecen trastornos afectivos, fundamentalmente las siguientes: que siempre deben lograr éxito en lo que emprenden, y que los demás deben darles aceptación y reconocimiento por sus logros; que las personas deberían ser siempre amables con ellos y, en caso de no serlo, deberían ser duramente castigadas. Por último, una creencia frecuente en ellos es que la vida debería serles fácil, es decir, no reportarles mayores dificultades.

Para algunos es fácil darse cuenta de que intentar vivir conforme a las creencias anteriores prácticamente significa enfilarse hacia la derrota, pues no siempre lograremos el éxito, la gente no siempre será amable con nosotros, ni estará siempre dispuesta a darnos reconocimiento y, finalmente, la vida no es sencilla en modo alguno. Se entiende entonces que una de las primeras cosas que el terapeuta debe hacer para ayudar a su paciente será detectar este tipo de pensamientos –que manifiestan expectativas irreales–, los cuales, lejos de contribuir a su bienestar, aseguran su malestar.

Es verdad que cualquier persona puede sucumbir a estas trampas mentales, aun cuando no posea los síntomas suficientes para alcanzar algún diagnóstico de enfermedad mental. Para todas ellas, las terapias cognitivo conductuales serán de mucha ayuda. Pero mejor aun es el hecho de que estos tratamientos, unidos a la farmacoterapia, han probado su efectividad incluso en individuos con trastornos psiquiátricos mayores como la esquizofrenia. De ahí su importancia para el tema que nos ocupa en esta obra.

Los terapeutas cognitivos utilizan denominaciones específicas para clasificar los distintos pensamientos irracionales –también llamados distorsiones cognitivas– que han detectado. Como parte del tratamiento, explican al paciente lo que implica cada uno de ellos y le ayudan a encontrar ejemplos que los caractericen. Una vez hecho lo anterior, lo guían a descubrir la irracionalidad de tales pensamientos, y lo estimulan a citar hechos concretos que le permitan rebatirlos. El objetivo es que el individuo aprenda a detectar cuándo él mismo está empleando estas distorsiones y que, enseguida, encuentre alternativas más adaptativas.

A continuación explicaremos algunas de las principales distorsiones cognitivas que manejan este tipo de terapias y proporcionaremos ejemplos para cada una de ellas. Hay situaciones que simultáneamente pueden entrar dentro de una u otra categoría. Lo importante no es tanto clasificar los pensamientos sino detectarlos y corregirlos. Por otra parte, es fundamental señalar que, como parte del proceso educativo familiar o escolar, es indispensable enseñar a los chicos a localizar y modificar este tipo de distorsiones cognitivas. Actuar de este modo implicaría necesariamente construir un mundo más racional y emocionalmente más saludable.

Analicemos los principales "pensamientos automáticos" o distorsiones cognitivas que manejan las terapias cognitivo conductuales. Advierte la semejanza que éstos guardan con los mecanismos de defensa explicados en capítulos anteriores. También procura recordar cómo algunas de estas distorsiones han aparecido como características de varios de los personajes descritos en diversas historias a lo largo de la obra.

Pensamiento todo-o-nada. Así se denomina una forma de percibir y juzgar mediante categorías extremas, hecho que lleva a las personas a pensar en términos de blanco-o-negro. Este proceso también se conoce con el nombre de dicotomía. Nada en esta vida merece el calificativo de totalmente bueno o malo, totalmente perfecto o ausente de perfección, etcétera. Cuando las personas pretenden guiarse conforme a este tipo de pensamientos, pueden paralizarse, por ejemplo, pensando que si no hacen algo perfectamente bien, entonces están completamente errados. Se comprende que estos individuos fácilmente se juzgarán perdedores, inútiles y sin valor, pues ¿quién es capaz de evitar el error? Es frecuente, por tanto, que caigan en depresión. Por otro lado, este pensamiento dicótomo los llevará a subestimar los logros, rasgos, actitudes o comportamientos ajenos que no se ajustan a un ideal de perfección. No es raro que sus creencias equivocadas los conduzcan a la frustración, a la decepción e incluso a la ira, que fácilmente provoca deseo de revancha contra aquél que violó sus expectativas.

Generalización excesiva. A partir de un evento aislado, la persona extiende las características de una situación a otras similares. Mediante el uso de palabras como *todos, siempre, nunca,* etcétera, generaliza ciertos hechos. Por ejemplo, porque un individuo fue una vez rechazado, anticipa que siempre lo será; o porque cometió una falta, supone que todo lo que haga en el futuro estará equivocado. Se entiende que estas distorsiones, nuevamente, actúan en contra del propio bienestar, pues a menudo llevarán a la persona a evitar situaciones que pueden resultar gratificantes, por el temor de que se repitan situaciones desagradables. Una forma extrema de generalización es el uso de etiquetas aplicadas a sí misma o a otras personas. Este proceso, denominado "etiquetación" implica crear imágenes completamente negativas para uno mismo o los demás, a partir de los errores propios o ajenos. Cuando haciendo alusión a una falta utilizamos enunciados del tipo "soy un…", "eres un…", "usted es un…" etcétera, damos paso a las etiquetas, por ejemplo: "soy un inútil, me perdí en el camino y no pude llegar a mi destino"; "soy un perdedor, no alcancé la meta de ventas del mes"; "soy un fracaso, olvidé pasar por mi traje a la tintorería". Lo correcto en estos casos sería pensar que tengo muchos aciertos, aunque, ocasionalmente, cometo errores. ¿Quién está exento de ellos?

Filtraje o abstracción selectiva. Consiste en elegir un detalle negativo de una situación determinada y centrarse exclusivamente en él. Cuando una persona está deprimida, sólo suele percibir los aspectos negativos de cuanto acontece en su entorno, o únicamente advierte sus propias deficiencias, concluyendo que toda la situación es reprobable. Cuando una persona está iracunda, tiene dificultad para reconocer cualidades y gestos agradables en las personas a su alrededor. El filtraje es una forma de percepción que oscurece la realidad, como ocurre con una gota de tinta que tiñe todo el contenido de un recipiente con agua. Todos tenemos limitaciones, pero cada quien es libre de enfocar los hechos a su manera. Si nos fijamos solamente en aquello que no podemos hacer, en nuestros problemas, en los defectos ajenos, en condiciones de nuestra vida que no podemos cambiar, perderemos nuestra capacidad de gozo y el gusto por vivir y compartir las alegrías que nos acompañan día con día.

Descalificar lo positivo. En consonancia con el párrafo anterior, este pensamiento se refiere a la tendencia constante de transformar las experiencias neutras o incluso las positivas en negativas, descalificando los "buenos momentos". Si la persona tuvo un acierto, disminuye su valor, argumentando que la tarea era sencilla o que la suerte influyó en el buen resultado. En el fondo, la persona se califica como "de segunda clase" y supone que quienes tienen buena opinión de ella están equivocados o no están lo suficientemente calificados como para externar un juicio digno de tomarse en consideración. Este tipo de distorsión cognitiva es muy frecuente y suele ser la base de una de las formas más extremas e intratables de la depresión.

Conclusiones apresuradas. De manera arbitraria e injustificada, la persona se apresura a concluir negativamente sobre alguna situación. En la forma denominada "lectura del pensamiento", supone que otros la desprecian. Por ejemplo, si está hablando a un grupo y alguien se retira, piensa que éste lo hizo para agredirlo. Esta distorsión puede dar lugar a comportamientos de retirada o, también, de contraataque. Conductas de esta naturaleza fácilmente provocan la hostilidad ajena. Es así como se cumple una profecía. La persona, que erróneamente vio agresión en otra, la ataca. Al defenderse ésta, la primera cree confirmada su suposición. Otra forma de conclusión apresurada es el denominado "error del adivino", que consiste en dar explicaciones equivocadas a las situaciones y, a partir de ello, concebir y presagiar problemas futuros. Por ejemplo, si una persona dejó un recado a otra pidiendo que se reportara con ella y no lo ha hecho, la primera puede pensar que no tiene interés. A partir de este pensamiento, puede entonces sentirse humillada y dispuesta a evitar a la segunda cuando esta última quizá, nunca recibió el recado.

Magnificación y minimización. También se le ha llamado "truco binocular". En virtud de esta forma de pensamiento, la persona aumenta desproporcionadamente las cosas, convirtiéndolas en verdaderas catástrofes, o por el contrario, las reduce en demasía. La magnificación ocurre cuando una persona repara en sus deficiencias o temores y exagera su importancia. Por ejemplo, si cometió un error, puede imaginar arruinada su reputación, inclusive, si al mismo tiempo minimiza sus cualidades, aumentando sus sentimientos de inferioridad. Otra vez esta distorsión es común en individuos que padecen depresión.

Razonamiento emocional. Esta forma de pensar lleva a las personas a utilizar sus emociones como prueba de veracidad, por ejemplo, "me siento maltratado, por consiguiente estoy siendo despreciado"; "me siento culpable, de modo que seguramente algo hice mal"; "me siento abrumado, razón por la cual mis problemas no deben tener solución alguna"; "me siento fuera de lugar, de modo que no debo ser bienvenido"; "me siento incapaz, por consiguiente debo ser un inútil"; "me siento enojado contigo, lo que prueba que has intentado aprovecharte de mí". Este tipo de razonamiento está equivocado porque los sentimientos personales son un reflejo de los propios pensamientos y creencias. Si partimos de la base de que tales creencias están de antemano distorsionadas, las emociones que se derivan de ellas no pueden comprobar su validez. Dependiendo del giro que tengan sus pensamientos, una persona que utiliza el razonamiento emocional para guiar su vida, fácilmente caerá presa de distinto tipo de emociones destructivas, ya sea la cólera, la depresión o la ansiedad, pues no se le ocurre cuestionar si las percepciones que crean sus sentimientos son verdaderas o no lo son. Habitualmente, de esta forma distorsionada de pensar se deriva la dilación (también llamada postergación), en virtud de la cual el individuo deja de actuar y de realizar sus planes, por temor a que sus acciones resulten insuficientes o inútiles.

Enunciaciones "debería". Hay personas que viven continuamente disgustadas o humilladas, esperando que los otros cumplan sus expectativas, sin tomar en consideración que los demás no necesariamente están allí para cumplir sus deseos o adoptar sus sugerencias. Ejemplos de este tipo son: "deberías mostrar interés cuando te hablo"; "deberías tratarme con respeto"; "deberías cuidar mejor tus cosas"; "deberías dejar de fumar", etcétera. Con frecuencia, este tipo de enunciados dirigidos a otros provoca conflictos, pues a nadie le gusta ser juzgado, menos aún ser forzado a comportarse de una manera determinada. Resulta más adaptativo expresar los propios deseos en la forma de "yo preferiría ver que me escuchas con interés", aceptando de antemano que la otra persona es libre de atender o ignorar mi solicitud. Lo que yo haga a partir de su respuesta compete a su vez al manejo de mi libertad. Hay otro ámbito en el cual pueden aplicarse las enunciaciones "debería" y éste es en referencia a uno mismo, por ejemplo, con intenciones motivadoras: "debería conseguir un mejor empleo". No obstante, hay individuos que se abruman con este tipo de mensajes, imponiéndose continuamente obligaciones que, lejos de estimularlos, les restan energía y les provocan tensión, resentimiento, aversión a sí mismos, vergüenza y culpa. El resultado será entonces contraproducente, pues lejos de ayudarles, harán que se sientan apáticos y sin motivación alguna. Las personas que sufren de ansiedad son muy propensas a utilizar este tipo de enunciados.

Personalización. Esta distorsión asume distintas formas. Algunas de ellas son claramente provocadoras de culpa, por ejemplo, cuando una persona se atribuye la responsabilidad de algún hecho negativo o cuando no existen fundamentos para que lo haga. De esta manera, decide arbitrariamente que un suceso desafortunado es culpa suya y que es muestra de su propia incapacidad. Ejemplo: "recibí quejas por parte de mis clientes porque no controlé debidamente la calidad de mi producto o servicio". Es verdad que, en ocasiones, podemos fallar en ciertos controles, pero también es cierto que hay clientes que se quejan sin razón, tratando de obtener ventajas, de modo que sus quejas no necesariamente implican que mi producto o servicio haya disminuido en calidad. La personalización tiene efectos paralizantes y abrumadores, pues conduce a la persona a sentirse responsable de cuanto ocurre a su alrededor, como si llevara el mundo entero a cuestas. Podemos influir en los acontecimientos, pero eso no significa que están únicamente bajo nuestro control. Finalmente, cada persona tiene su parte de responsabilidad. Otra forma de personalización es pensar que las acciones ajenas están necesariamente relacionadas con nosotros y que invariablemente tienen el propósito de humillarnos de alguna manera. Ejemplo: "llegas temprano a la oficina para hacerme quedar mal con el jefe, porque así harás evidente que yo llego más tarde que tú"; "te vas más temprano a casa que yo, para demostrarle al jefe que eres eficiente en tu trabajo y que yo, en cambio, soy lento y necesito de más tiempo para cumplir con mis actividades"; "utilizas un lenguaje que yo no entiendo para sacarme deliberadamente de la conversación". Invadido por estos pensamientos, un sujeto buscará siempre intenciones negativas en la conducta de los demás, cuando la realidad es que ésta no va dirigida a él, y menos aún tiene el propósito de dañarlo en modo alguno. También incurre en el error de personalización quien piensa que los demás se refieren a él cuando se expresan negativamente de algo o de alguien. En su forma extrema, se manifiesta en los delirios de referencia, en virtud de los cuales un individuo piensa que otras personas constantemente lo miran, lo señalan o hacen alusiones negativas respecto de él, lo cual puede dar lugar a respuestas agresivas como defensa.

Como señalamos, hay situaciones que fácilmente caben en más de una categoría. Recordemos que lo importante no es su clasificación, sino su detección y manejo. Hay creencias que nos producen malestar y que, incluso, nos restan efectividad al interactuar con los demás y al emprender acciones en busca de nuestras metas. Hay que tener la actitud constante de desafiar este tipo de pensamientos pues la mayoría de las veces son falsos y no sirven a nuestros propósitos.

Todos somos susceptibles de caer en "las garras" de estas distorsiones cognitivas. También es cierto que resulta más sencillo detectarlas que eliminarlas, y que esta dificultad se acrecienta en la medida en que mayor sea la perturbación individual. Uno de los primeros pasos para cambiar hacia un estilo más saludable de pensamiento es darnos cuenta de los errores cognitivos en los que incurrimos. Lo ideal es estar atentos a nuestros pensamientos distorsionados, buscar evidencias que los contradigan y encontrar salidas más acordes con la realidad que, a su vez, estimulen en nosotros actitudes positivas, que nos acerquen al logro de nuestras metas en los distintos campos de nuestro interés.

TÉCNICAS COGNITIVO CONDUCTUALES EN ACCIÓN

Veamos cómo se aprende a cuestionar los pensamientos irracionales. Algunos terapeutas se refieren a estas técnicas como un "judo verbal", mediante el cual el paciente aprende a responder adecuadamente estando bajo el fuego de la crítica propia, aun cuando puede hacerlo también al estar sometido a los juicios negativos de los demás. Tomemos como ejemplo la tan común sensación de inutilidad que aqueja a muchos, sobre todo a quienes padecen de algún trastorno afectivo. Para estas personas, es frecuente sostener consigo mismas diálogos interiores disruptivos mediante los cuales se hostigan continuamente incluso con crueldad. Es común que este conflicto interno surja a partir de una crítica o de un comentario poco amable que le haya dirigido alguien más. Digamos que la crítica ajena se convierte en el disparador de los pensamientos automáticos que, como mencionamos, adquieren vida propia y sesgan nuestra percepción.

La manera sana de actuar será entonces poner un alto a tales distorsiones y buscar el modo de contradecirlas mediante ejemplos reales que actúen a nuestro favor, poniendo de relieve la propia capacidad y los buenos sentimientos que nos definen como personas de éxito y valor. Más adelante revisaremos formas específicas de responder a la crítica ajena, pues en múltiples ocasiones la mejor salida es convenir con el atacante. El agresor fácilmente pierde interés en seguir agrediendo a quien no sólo no se defiende sino que, además, no da muestra alguna de incomodidad o perturbación. Para lograr esto hay distintas técnicas y las analizaremos en párrafos subsiguientes.

En gran medida lo que buscan las terapias cognitivo conductuales es fortalecer al paciente de manera que adquiera mayor confianza y seguridad en sí mismo y supere el miedo a ser imperfecto. Si ha cometido algún error, lo prudente será disculparse, remediar la situación, y tomar las medidas necesarias para evitar cometerlo nuevamente en el futuro, pero no se justifica ni resulta productivo atosigarse y maltratarse con pensamientos distorsionados negativos.

Veamos ahora cómo actuar cuando alguien nos ataca o nos critica, independientemente de que esto tenga como objetivo ayudarnos o herirnos. Puede ocurrir que dicha crítica sea correcta, incorrecta o sólo parcialmente correcta. Lo conveniente es actuar como un investigador, planteando al agresor una serie de preguntas específicas destinadas a averiguar exactamente lo que desea expresar. Aun cuando lo común es sentirse tentado a defenderse, es importante evitar esta salida y mantenerse sereno —incluso si la otra persona utiliza palabras altisonantes— conforme se le solicita más y más información. Se trata de ver el mundo a través de los ojos del crítico.

La mejor manera de desarmar a un crítico es coincidir con él. Algunos pacientes tienen dificultad con este concepto, pues suponen que es signo de debilidad. Nada más ajeno a la verdad. Una vez que terminemos de explicar el procedimiento, entenderás que llevarlo a cabo exige una gran seguridad y autoestima o, cuando menos, aparentar poseerlas. Imagina que alguien te ha dicho que eres insensible y egoísta. Esto, en primer lugar, implica asignar etiquetas, y recuerda que ésta es una forma de distorsión cognitiva. Un comentario de esta naturaleza es irracional y constituye una generalización, pues aun cuando una persona actúe con insensibilidad o egoísmo en algunas ocasiones, difícilmente lo hará siempre. Por lo mismo, este juicio carece de validez. Aun así, es importante combatir la propia vulnerabilidad, es decir, hay que evitar vernos desequilibrados por la crítica. Por ello, revisaremos el modo pertinente de actuar. Lo primero es no defenderse. Pon atención al otro, haz una pausa, y plantéale preguntas para ampliar y precisar su información. Recuerda: hay que actuar como un investigador. A continuación, utiliza los enunciados "es probable que tengas razón", "es posible que en ocasiones actúe insensiblemente… egoístamente", o exprésale que crees entender cómo se siente y que tú, en su lugar, posiblemente te sentirías igual que él. También es útil hacerle saber que respetas su opinión y que no puedes negar su percepción de las cosas.

El paso siguiente es parafrasear el contenido expresado por parte de la otra persona. En el capítulo anterior comentamos que el parafraseo equivale a repetir con tus propias palabras el mensaje que has captado. Aun cuando no dirás literalmente todo lo que la otra persona pronunció, cuida que tu paráfrasis incluya los principales puntos de su queja o comentario y, al final, pregúntale si le has entendido bien o si has dejado algún dato importante de lado. Actuar de esta manera desarma prácticamente a cualquiera. No obstante, puedes ir todavía más lejos y preguntarle qué se le ocurre para remediar la situación. Esto no significa que estés obligado a cumplir sus peticiones, pero, cuando menos, habrás mostrado interés y deseo de solucionar la situación. Hay ocasiones en que es posible negociar para que ambas partes obtengan satisfacción. No obstante habrá momentos en los cuales la falta de disposición ajena te llevará a pensar que lo más prudente es apartarte de la escena, toda vez que el otro da claras muestras de hallarse en un "periodo refractario". Con este término nos referimos a situaciones en las cuales una intensa emoción –por ejemplo la cólera– dificulta que una persona actúe en forma racional. Quien se halla preso de sus emociones en dicho periodo sólo es capaz de ver evidencias en apoyo de su estado emocional.

Este modo de abordar la crítica ajena se basa en la empatía, de la cual ya también hablamos. No es fácil adquirir empatía, aunque sus raíces están presentes en nuestros genes. La dificultad radica en que estamos limitados y damos validez absoluta a nuestras percepciones que, ya dijimos, están sesgadas y equivocadas. Luego reaccionamos automáticamente ante los significados que atribuimos a los actos de nuestro prójimo. Procurar entender los motivos ajenos requiere un arduo trabajo, aunque se facilita si adquirimos el hábito de analizar el propio comportamiento. Comprendiéndote a ti mismo entenderás mejor a los demás. Aun así, habrá momentos en que lo más pertinente será hablar con voz firme y decidida o, incluso, modificar temporalmente tus expectativas.

Si tu intención es aprender a controlar la ira, es importante que sepas que dicho proceso tomará algún tiempo. Lo primero es que te hagas responsable y aceptes que tú eres capaz de elegir libremente cómo deseas sentirte. Es verdad que una reacción automática de enojo puede servirte como indicador de que algo debe cambiar. Si ése fuera el caso, usa constructivamente dicha emoción para tal fin. No obstante, pregúntate si el enojo por sí mismo es suficiente para lograr el cambio deseado. Seguramente advertirás que no ocurre así. Además, es muy probable que tu enojo te dificulte encontrar una buena solución. Por otro lado, si sabes que eres presa fácil de la ira, determina qué puedes hacer para evitar caer de nuevo. Por ejemplo, es imposible sentirse alegre y enojado a la vez. ¿Por qué no pruebas a recrearte en tus recuerdos felices? ¿Cuántos de estos momentos estarías dispuesto a sacrificar en aras de mantener y alimentar tu frustración e irritación?

El enojo a menudo surge de la sensación de haber sido injustamente tratado. ¿Alguna vez se te ha ocurrido pensar que lo que parece justo a tus ojos resulta injusto para los demás? Otro factor que contribuye a la irritación es ver frustradas tus metas. No obstante el enojo no te conducirá a alcanzarlas, entonces, para qué te sirve ¿te reporta beneficio alguno?

Aun cuando un aspecto fundamental de las terapias cognitivas y cognitivo conductuales es la detección de los pensamientos irracionales automáticos, esta labor no es sino su comienzo. En el tratamiento se hace uso de muchas otras técnicas que apuntan siempre a un mejor estilo de relación consigo mismo, con el mundo y con los demás. Así, por ejemplo, para el manejo constructivo de las emociones, resulta útil cuestionar los pensamientos irracionales y utilizar la empatía. No obstante, los beneficios se multiplican si acompañas tales técnicas de otras como la relajación, la desensibilización o la imaginación racional, las cuales explicaremos enseguida.

La relajación puede llevarse a cabo de diversas maneras. Una de las más sencillas consiste en ir tensando poco a poco y luego relajando distintas partes del cuerpo, por ejemplo, desde la cabeza hasta los pies. Al tiempo de realizar la tensión, puedes inhalar aire y luego sostenerlo, y expulsarlo al momento de soltar la tensión. Como último paso, puedes hacer una profunda inspiración mientras tensas todo el cuerpo y, a continuación, relajas los músculos soltando el aire.

La desensibilización consiste en someter intencionalmente a alguien a situaciones temidas, en un ambiente protegido, con el fin de disminuir gradualmente su vulnerabilidad emocional. Por ejemplo, si temes la crítica, puedes recordar escenas pasadas en las cuales fuiste juzgado y experimentaste malestar. Si deliberadamente te relajas mientras visualizas dicho evento desagradable, irás disminuyendo su efecto incómodo. Si en el futuro te enfrentas a una situación similar, tu sistema nervioso estará mejor capacitado para mantenerse en equilibrio, dándote mayor oportunidad de reaccionar de modo positivo. No esperes que una sola práctica sea suficiente para conservar tu serenidad en cualquier situación. La repetición poco a poco va creando en tu organismo nuevas redes neuronales y pautas bioquímicas más adaptativas. Si haces de esto un hábito, un día descubrirás que situaciones que en el pasado rompieron tu equilibrio, no logran desestabilizarte más. Los buenos resultados aumentan también, si ocupas algún tiempo para crear imágenes donde te ves en el futuro desempeñándote excelentemente bien en alguna situación de tu interés. Si adquieres el hábito de visualizarte exitoso en eventos futuros, no te extrañe que el día en que realmente tengas que enfrentarte a situaciones similares, actúes conforme a la imagen que has construido. Con los niños es muy común utilizar esta técnica para eliminarles ciertos temores. Lo que se hace en tales casos es exponerlos primeramente a dosis pequeñas de estímulos "atemorizantes" (por ejemplo, si el niño muestra temor a los perros, primero pueden mostrársele dibujos de perros; más adelante fotografías. Luego pueden ofrecérsele perros de peluche para jugar; a continuación se le puede permitir estar cerca de un perro pequeño, acariciarlo, cargarlo, y así, sucesivamente, hasta que pueda convivir tranquilamente con perros mayores. De esta manera quedará desensibilizado ante situaciones que anteriormente le causaban ansiedad.

La imaginación racional es una técnica poderosa que busca fortalecer a las personas equipándolas de lo necesario para enfrentar los fracasos con serenidad. Para llevar a cabo esta técnica, deliberadamente tendrás que imaginarte cometiendo errores en situaciones futuras, al tiempo que respiras pausadamente y te mantienes relajado. Se trata de que te observes a ti mismo en acción y que aprendas a mirar sin juzgar. Si practicas con regularidad esta técnica, estarás listo para asumir tus fallas futuras sin experimentar emociones dañinas que te abrumen. Estarás preparado para evaluar tu desempeño en su justa proporción.

Un aprendizaje superior se manifiesta en la capacidad de vivir en el presente y enfrentar los eventos desagradables con serenidad, lo cual será posible en la medida en que hayas convertido en hábito un nuevo estilo de pensar, libre de distorsiones cognitivas y de expectativas irracionales. ¿Crees que valga la pena esta nueva forma de libertad? Inténtalo. Vivirás más satisfecho, aprovecharás mejor tus talentos, ejercerás buena influencia en los demás, y el mundo –que tanto necesita de personas nuevas– se verá altamente beneficiado con tu transformación.

ANEXO

Diálogo sobre escucha activa y puesta de límites

Una mujer de sesenta años se mostraba reacia a consultar al psiquiatra, no obstante presentar muchos síntomas que permitían sospechar la existencia de una depresión crónica. En la radio escuchó que, con frecuencia, irregularidades hormonales pueden estar relacionadas con un ánimo deprimido. Por dicha razón, hizo cita con un ginecólogo, a fin de solicitarle una orden de laboratorio para practicarse un perfil hormonal, esperando con ello encontrar una explicación que justificara su trastorno afectivo.

Durante la primera consulta, el médico interrogó a la paciente y descubrió que desde su niñez, había presentado rasgos depresivos. Ella expresó que siempre sintió rechazo por parte de sus padres y hermanos, sobre todo cuando en su juventud se embarazó, siendo soltera. Comentó que vive con su hijo de 23 años, quien, lejos de apoyarla, no pierde ocasión de desafiarla e importunarla. La mujer manifestó sentirse devaluada e insegura, máxime que hace un año perdió su trabajo. A partir de entonces no ha recuperado su estabilidad económica. Agregó que en el presente se dedica a la venta de seguros médicos, y que aún no logra obtener ingresos suficientes para hacer frente a los gastos del hogar.

Con cierta reticencia, el médico ordenó el estudio solicitado, pues indicó a la señora que lo esperado para una mujer de sus condiciones –no sólo por su edad, sino en vista de que hace quince años le fue extraída la matriz– es encontrar bajos niveles de hormonas femeninas. Le explicó que aun cuando esta disminución puede relacionarse con un ánimo deprimido, no debe olvidar la serie de síntomas que la paciente reporta haber experimentado desde su niñez, y que la han acompañado prácticamente durante toda su vida. Adicional a dicho estudio, le ordenó también practicarse una mastografía, a fin de tener mayores datos que le permitieran optar por el mejor tratamiento a seguir.

En la segunda visita al ginecólogo, la mujer entregó ambos estudios al médico. El diálogo que siguió tomó más o menos esta dirección.

Médico: En efecto, el laboratorio reporta que sus hormonas femeninas están bajas. Le voy a recetar un tratamiento hormonal, y la derivaré con un psiquiatra, para que haga lo correspondiente con su depresión.

Mujer: ¿No podemos intentar solamente con las hormonas?

Médico: ¿Tiene algún problema con visitar al psiquiatra?

Mujer: (Guarda silencio).

Médico: ¿Qué espera lograr con las hormonas?

Mujer: Alguna situación que me salve de tomar antidepresivos.

Médico: En la consulta pasada, usted me comentó que prácticamente durante toda su vida ha padecido depresión. ¿Qué tiene en contra de los antidepresivos?

Mujer: En mi casa me acostumbraron a no tomar ni siquiera aspirina.

Médico: Ha de ser difícil no poder vivir conforme a sus expectativas.

Mujer: No comprendo.

Médico: Al parecer, sus padres esperaban que usted fuera una persona extraordinaria, y, supongo que les "compró" tal idea.

Mujer: ¿Cómo?

Médico: Por lo que me da a entender, desde que usted era niña, sus padres esperaban que no tuviera problemas, y si los tenía, que actuara como si nos tuviera.

Mujer: (Asiente con la cabeza).

Médico: Si tenía dolor de cabeza, no debía tomar aspirina.

Mujer: Así es.

Médico: ¿Qué se supone que debía hacer cuando estuviera triste?

Mujer: Creo que en mi casa teníamos prohibido estar tristes.

Médico: Ya veo. De modo que si nos está vedado sentir tristeza, pero con todo y la prohibición, la sentimos...

Mujer: Me siento culpable e inferior.

Médico: Eso que acaba de mencionar es justamente consecuencia de su depresión. De modo, que aun cuando sus padres le prohibieran sentirla, ésta se hizo presente.

Mujer: (Baja la cabeza).

Médico: En la actualidad hay medicamentos muy efectivos e inofensivos para tratar la depresión.

Mujer: No quiero depender de una pastilla.

Médico: La comprendo muy bien. Dudo que a alguien le gustara.

Mujer: ¿Ya lo ve?

Médico: ¿Conoce usted a alguna persona diabética?

Mujer: Sí.
Médico: ¿Depende de su medicamento?
Mujer: Sí, pero eso es diferente.
Médico: ¿Por qué sería distinto?
Mujer: (Guarda silencio).
Médico: Si una persona tiene problemas de exceso de glu-
         cosa en sangre porque su organismo hace una mala
         utilización de la insulina, el médico le prescribe algo
         para ayudar a regularizar su metabolismo. ¿Qué se
         espera que hagamos si el cerebro se enferma?
Mujer: ¿Cómo dice?
Médico: La depresión tiene que ver con un desequilibrio en
         las sustancias químicas del cerebro.
Mujer: No lo sabía.
Médico: Y ahora que lo sabe ¿qué piensa al respecto?
Mujer: Tengo una amiga que toma Prozac, y dice que la
         boca le sabe a moneda.
Médico: Además del mal sabor, ¿se queja de otra cosa?
Mujer: En realidad no. Dice que el medicamento tardó
         unas tres semanas en hacerle efecto, pero que, a
         partir de entonces, siente que es otra persona.
Médico: ¿Cómo?
Mujer: Dice que se siente tan bien, ¡que podría subir al
         Everest!
Médico: ¿Le gustaría sentirse así?
Mujer: Ya lo creo. Pero no quiero ir al psiquiatra. ¿No pue-
         de recetarme usted?
Médico: (Sonríe). ¿Cuál es su temor?
Mujer: Si alguien se entera que voy al psiquiatra, pensarán
         que estoy loca.
Médico: ¿Conoce usted alguna persona que vaya al psiquia-
         tra y que no esté loca?

Mujer: De hecho, sí. Mi amiga que le conté, la que toma Prozac.

Médico: ¿Por qué acudió al psiquiatra?

Mujer: Ella es psicóloga, y dice que los psiquiatras son los médicos que se ocupan de estos problemas.

Médico: ¿Y entonces?

Mujer: Me resulta menos traumático tomar un medicamento recetado por usted.

Médico: (Sonríe de nuevo). Puedo perfectamente recetarle un antidepresivo, pero usted haría bien en pensar mejor las cosas y hacer a un lado esos prejuicios. No tiene nada de malo acudir al psiquiatra.

Mujer: (Sonríe). Tiene razón, pero tengo que hacerme a la idea. ¿Qué me va a recetar?

Médico: En la actualidad hay muchos antidepresivos nuevos. Podemos intentar con alguno y ver que le caiga bien, sin provocarle mal sabor para evitar el malestar que experimenta su amiga. ¿Le parece?

Mujer: Eso estaría bien.

Médico: Me gustaría verla en dos meses y, para entonces, le pido que me traiga los resultados de una densitometría ósea que le voy a ordenar. Es importante, para prevenir osteoporosis.

BIBLIOGRAFÍA

American Psychiatric Association (1995). *Manual diagnóstico y estadístico de los trastornos mentales. DSM IV* Masson: Barcelona.

Beck, Aaron (2003). *Prisioneros del odio. Las bases de la ira, la hostilidad y la violencia.* Paidós: Barcelona.

Berenzon Gorn, Shoshana; Medina Mora Icaza, Ma. Elena y Lara Cantú Ma. Asunción. Servicios de salud mental: veinticinco años de investigación. *Salud Mental,* Vol. 26, Nº. 5, octubre 2003, pp. 61-72. Instituto Nacional de Psiquiatría Ramón de la Fuente Muñiz: México.

Burns, David (1991). *Sentirse bien. Una nueva fórmula contra las depresiones.* Paidós Mexicana: México.

Costa, Arthur L. y Garmston, Robert J. (2005). *Coaching cognitivo. Guía de aprendizaje.* Center for Cognitive Coaching: USA.

Ellis, Albert y Abrahms, Eliot (1980). *Terapia racional emotiva.* Pax México: México.

Freud, Anna (1990). *El yo y los mecanismos de defensa.* Paidós Mexicana: México.

Garnica Portillo, Rodrigo (1994). *Esquizofrenia. Diagnóstico y tratamiento en la práctica médica.* Psicofarma: México.

Gendlin, Eugene (1999). *El focusing en psicoterapia. Manual del método experiencial.* Paidós: Barcelona.

Gerhardt, Sue (2004). *Why love matters. How affection shapes a baby's brain.* Routledge: New York.

Johnson, Stephen M. (2004). *Character Styles.* Norton & Company: New York.

Kaplan, Harold I. y Sadock, Benjamin (1987). *Compendio de psiquiatría.* Salvat: Barcelona.

Kernberg, Otto (1978). *Desórdenes fronterizos y narcisismo patológico.* Paidós Mexicana: México.

Lara Muñoz, Carmen; Medina Mora, María Elena; Borges, Guilherme y Zambrano, Joaquín. Social Cost of Mental Disorders: Disability and Work Days Lost. Results from the Mexican Survey of Psychiatric Epidemiology, en *Salud Mental,* Vol.30, N°. 5, septiembre-octubre 2007, pp. 4-11. Instituto Nacional de Psiquiatría Ramón de la Fuente Muñiz: México.

Lemaire, Jean (1986). *La pareja humana; su vida, su muerte, su estructura.* Fondo de Cultura Económica: México.

Nicholi, Armand (editor) (1988). *The New Harvard Guide to Psychiatry.* Harvard University Press: USA.

Ortiz Lachica, Fernando (2008). Los factores de cambio en psicoterapia y su aplicación en la docencia, en *Casa del Tiempo,* Vol.1, época IV, Núm. 9, julio 2008, UAM, México.

Perry, Bruce and Szalavits, Maia (2006). *The Boy Who Was Raised as a Dog.* Basic Books: New York.

Shenk, Joshua W. What Makes Us Happy. *The Atlantic Monthly,* June 2009.

Tallaferro, Alberto (1990). *Curso básico de psicoanálisis.* Paidós Mexicana: México.

Vaillant, George E. (2002). *Aging Well.* Little Brown: Boston.

Vaillant, George E. (1992). *Ego Mechanisms of Defense: A Guide for Clinicians and Researchers,* American Psychiatric Press: Washington, DC.

Yates, Aubrey (1973). *Terapia del comportamiento.* Trillas: México.

Acerca de la Autora

Es pedagoga, con una maestría en psicología y un diplomado en tanatología. Desde hace más de veinte años, ha impartido conferencias y talleres sobre diversos temas sobre los valores, a maestros, alumnos y padres de familia en distintas escuelas, tanto públicas como privadas, de todos los niveles. Así mismo, ha participado como instructora en talleres de Escuelas para Padres en múltiples instituciones.

Es instructora externa de capacitación para personal de empresas públicas y privadas, impartiendo cursos y conferencias sobre superación personal Ha colaborado en Instituciones de educación superior como docente y/o asesora en distintos proyectos de trabajo; brinda apoyo psicoeducativo a familiares de pacientes con diagnóstico de enfermedad mental, por parte de Voz Pro Salud Mental e Ingenium Morelos, instituciones vanguardistas en el manejo de estos contenidos.

Ha participado en distintos programas de radio y televisión hablando sobre autoestima, valores, inteligencia emocional, educación sexual, liderazgo, cómo educar para el éxito y otros temas de interés para educadores y padres de familia.

A partir de 2002 ha publicado 15 obras y colaboró en otras dos obras. La Revista Psicología Contemporánea también publicó un artículo suyo sobre Autoestima y fracaso escolar, en 1997.